비 영 리
조 직 운 영

초판 1쇄 찍은 날 · 2006년 6월 1일 | 초판 1쇄 펴낸 날 · 2006년 6월 5일


**지은이** · 이원규 | **펴낸이** · 김승태

**편집장** · 김은주 | **편집** · 이덕희 | **디자인** · 이승희, 이훈혜, 노지현 | **제작** · 한정수
**영업본부장** · 오상섭 | **영업** · 변미영, 장완철 | **물류** · 조용환, 송승철
**드림빌더스** · 고종원, 이민지

**등록번호** · 제2-1349호(1992. 3. 31.) | **펴낸 곳** · 예영커뮤니케이션
**주소** · (110-616) 서울 광화문우체국 사서함 1661호 | **홈페이지** www.jeyoung.com
**출판사업부** · T. (02)766-8931  F. (02)766-8934  e-mail: jeyoungedit@chol.com
**출판유통사업부** · T. (02)766-7912  F. (02)766-8934  e-mail: jeyoungsales@chol.com

copyright ⓒ 2006, 이원규

ISBN 89-8350-388-2 (03330)

## 값 7,000원

# 비 영 리
# 조 직 운 영

이원규 지음

예영커뮤니케이션

# 서문

　　비영리라는 영역에서 자신의 삶을 가꾸어 간다는 것은 그리 쉬운 일이 아니다. 그가 활동가이든 컨설턴트든 크게 다르지 않다. 마음 한편에는 그래도 '남들보다 좋은 일 한다.' 든가(그래서는 안 되겠지만) '목회자만은 못해도 일반 기업에 다니는 사람들보다 하나님의 뜻에 더 가까운 곳에 있다.' 는 자부심을 가져 보기도 한다.

　　그런데 비영리라는 곳에서 겪는 삶의 현실은 신앙고백에 가까운 이 자부심만으로 유지되는 것이 아니다. 하나님께서 지으신 이 아름다운 세상에서 일어나는 아름답지 않은 일, 여호와 보시기에 선하지 않은 일을 멈추게 하고 그 창조의 섭리와 구속의 은혜를 편만하게 하는 데에 그만큼의 노력과 헌신을 요구하기 때문이다.

개인의 신앙고백으로 비영리 영역에 종사하는 것도 힘든 일이지만, 비영리 단체를 운영하고 관리하며 남들보다 일을 더 잘한다는 것은 더더욱 어렵다. 한 개인의 입장에서 사회의 불의에 대항하고 그늘진 곳에 사랑의 온기를 전하는 것이 하나님으로 부여받은 소명이려니 하고 열심히 해 나갈 수 있다. 하지만 이런 사람이 여럿 모이고, 여러 가지 일들이 불어나고, 협력하거나 돌볼 사람의 수가 늘어나는 것은 단순하게 몇 명의 사람이 산술적으로 집합한 것과는 그 차원을 달리한다.

한 사람이 하나님께 소명을 받아 아름다운 일에 헌신하는 것과 그 일을 하도록 조직을 만들고 일을 함께 꾸려나가는 조직경영은 별개의 차원이다. 40세에 민족의 억압을 보고 살인을 저지른 모세와, 80세가 되어 수백만 이스라엘 백성을 가나안으로 인도해야 할 처지에 선 모세가 달랐던 것과 비교할 수 있다.

비영리 조직에 대한 컨설팅과 교육을 하면서 헌신적인 그리스도인을 여러 명 만날 수 있었다. 이분들 중에는 조직의 장이거나 핵심 부서를 책임지는 사람들도 여러 명 있었는데, 이들 모두 하나님 앞에 헌신을 다짐하고 자신을 드리는 너무나도 멋지고 훌륭한 사람들이었다.

하지만 그 분들의 모습에서 개인적인 헌신을 볼 수 있었던 반면, 조직의 리더나 관리자로서 안타까운 모습도 여럿 볼 수 있었다. 이런 경우 그분이 장으로 있는 비영리 단체는 조직적인 문제가 많다는 공통점이 있었다. 조직에서 발생하는 모든 문제의 중심엔 분명히 리더십이 있다. 하지만 그 원인의 대부분은 그들이 악해서 생기는 문제가 아니라, 조직이 발생하고 성장하는 과정에서 적절한 관리 지침을 얻지 못한 데 있다.

이런 경험을 몇 번 거치면서 과연 성경적인 비영리 단체란 어떤 모습이며 어떻게 변해가야 하는지에 대해 문제의식을 가지게 되었다. 개인으로 봤을 때는 멋지지만 조직으로서는 엉성하고 안타까운 모습의 문제를 어떻게 해결할 수 있을까 하는 그 고민의 대답이 바로 이 책이다.

물론 성경에 비영리 단체가 어떻게 생겨나 어떻게 발전하고 쇠퇴해 가는지 기록된 곳은 없다. 하지만 성경 안에는 분명 그 원리가 살아 움직이고 있다. 오랫동안 조직을 연구해 온 학자들은 하나님의 섭리를 일부라도 밝혀냈으리라는 기대를 안고 이것저것 탐색하고 그들의 지혜를 빌려 원고를 완성할 수 있었다.

이 책을 기도하는 마음으로 시작해서 계속 쓸 수 있었던 것은 (주)도움과나눔 직원들과의 대화를 통해 필요성과 가능성, 그리고 이 책의 중요성을 볼 수 있었기 때문이다. 그 중에서도 특히 최영우 대표님의 영향은 매우 컸다. 그는 성경적 입장에서 비영리의 발생에 깊이 있는 이야기를 해 주었고, 비영리 단체를 비롯한 다양한 조직이 하나님 앞에서 어떻게 운영되어야 하는지에 대해 함께 논의할 수 있었다.

그리고 아주 어릴 때부터 친구인 최항재 목사님은 바쁜 중에도 원고를 읽어주며 세심한 지적을 해 주셨고, 출판사 직원 경력의 아내가 충고를 해 주기도 했다. 이분들이 없었다면 이 책은 아마 제대로 원고를 마련하지도 못했을 것이다.

이 책의 주인공들은 지금도 묵묵히 비영리 분야에서 열심히 헌신하고 있는 분들과 비영리 단체를 하나님 보시기에 아름답게 꾸며가는 경영자들이다. 이 분들을 통해 비영리 단체에 대한 더 생생한 모델을 보여줄 수 있다고 믿는다. 그 중에서도 설익은 책에 기꺼이 자신의 모습을 드러낼 수 있도록 해주신 독수리기독중고등학교, 한국헬프에이지, 빛과소금 공동체에 감사드린다.

그리고 부족한 원고를 제대로 된 책이 되도록 수고를 아끼지 않은 예영커뮤니케이션 담당 편집자와 비영리 분야에 남다른 애정을 가지고 과감히 졸고의 출판을 결심한 김승태 사장님께 깊이 감사드린다.

2006년 5월

이원규

# 차례

# 서론_조직으로서 기독교 비영리 단체

　　20세기 후반으로 들어서면서 비영리 단체는 복지와 시민사회, 문화예술 등의 영역에서 정부조직이나 기업에 필적할 만큼 현대사회의 중요한 축으로 등장했다. 특히 우리나라의 경우, 1980년대 이후 민주화 운동에서 참여정부에 이르는 동안 비영리 단체는 규모나 영향력 면에서 비약적인 발전을 이루어 왔다.

　한편, 기독교는 비영리 단체라는 개념이 일반화되기 훨씬 전부터 사회의 그늘진 영역에서 빛과 소금의 역할을 담당했다. 소외된 이웃과 민중의 대변자인 동시에, 이들의 아픔을 나누고 실질적 도움을 제공하는 역할을 감당해 왔다. 네 이웃을 네 몸과 같이 사랑하라는 예수님의 가르침에 순종하여 비영리 단체 중에 기독교단체가 상당수를 차지하고 있다. 이는 서양이나 한국이나 유사한 양상을 보인다.

이러한 현상은 우리나라 기독교 인구가 많은 데서 기인한 것이기도 하다. 하지만 기독교 정신을 표방하는 비영리 단체의 수가 인구상 기독교 분포보다 더 높은 비율을 보인다는 점을 주목해 볼 필요가 있다.

몇 년 전 통계청 발표에 따르면 우리나라의 종교인구 비율은 53.6%이며, 이중 불교가 26.3%로 신도가 가장 많고 다음으로 개신교 18.6%, 천주교 7.0%의 순이었다. 그러나 〈표 1〉에서 보는 바와 같이 기독교 단체가 운영하는 사회복지 시설은 37%를 차지한다. 상대적으로 종교 비중이 높은 불교의 경우에는 2% 정도의 기관을 운영하는 것으로 나타났다.

혹자는 이러한 사회복지시설의 종교적 분포가 개별 종교의 특성에 따라 무허가 내지 개인적 차원에서 이루어지는 경우에 차이가 많아 그렇다고도 한다. 하지만 공식성과 지속성을 바탕으로 두는 조직이라는 관점에서 비영리 단체를 이해할 경우 기독교의 개입은 상당한 것이라 할 수 있다.

〈표 1〉 사회복지 입소시설의 종교별 분포(단위 : 개소, %)

| 구분 | 계 | 가톨릭 | 기독교 | 불교 | 원불교 | 천도교 | 기타 | 해당없음 |
|------|-----|--------|--------|------|--------|--------|------|----------|
| 노 인 | 135 | 23 | 53(39.26) | 7 | 10 | 1 | 4 | 37 |
| 아 동 | 270 | 19 | 116(42.96) | 5 | 2 | 0 | 3 | 125 |
| 장애인 | 151 | 22 | 41(27.15) | 0 | 0 | 1 | 4 | 83 |
| 모자부녀 | 56 | 6 | 25(44.64) | 0 | 1 | 0 | 1 | 23 |
| 정신요양 | 72 | 2 | 22(30.56) | 0 | 1 | 0 | 1 | 46 |
| 부랑인 | 26 | 6 | 7(26.92) | 3 | 1 | 0 | 0 | 9 |
| 결 핵 | 2 | 2 | 0(-) | 0 | 0 | 0 | 0 | 0 |
| 나장애인 | 4 | 1 | 2(50.0) | 0 | 0 | 0 | 1 | 0 |
| 계 | 716 | 81 | 266(37.15) | 15 | 15 | 2 | 14 | 323 |

* 자료 : 보건복지부 내부 자료. 1996.6. ; 주교회의 사회복지위원회, 『천주교 사회복지편람』 1996, 1996. 이태수(2000),
  『종교사회복지의 발전 방향에 관한 소고」에서 수정 인용

* 주 : 이태수 원본에는 가톨릭 무허가 시설이 포함되어 있으나 본문에서는 제외함

그러나 중요한 것은 단체의 수가 아니라 비영리 단체의 조직적 역동성과 건전성 그리고 사회적 영향력(사회의 필요를 충족하고, 문제를 해결하는)의 정도이다. 특히 비영리 단체를 통한 사회적 영향력이 장기 지속적으로 나타나기 위해서는 조직의 역동성과 건전성, 역량의 구비가 뒷받침되어야 한다. 이런 점으로 미루어 볼 때 이 역동성과 건전성, 역량의 구비는 종교의 귀속 여부를 떠나 비영리 단체의 핵심적인 문제라 할 수 있다.

최근 들어 각종 조사와 연구를 통해 비영리 단체에 관련된 다양한 특성이 밝혀지고 있으며 철학적, 거시적 관점의 논의를 넘어 경영과 운영 등 미시적 관점으로 접근이 이루어지고 있다. 이러한 경향을 반영하여 비영리 단체의 전략, 모금, 인적자원 관리, 마케팅 등에 대한 논의와 연구들도 활발하다.

그런데 조직이라는 관점에서 비영리 단체의 운영 합리성에 대한 관심은 매우 미흡한 수준을 보이는 것이 엄연한 현실이다. 이러한 조직 운영 합리성의 미확보는 기독교 비영리 단체도 별반 다르지 않다고 할 수 있다. 특히 미션

의식이 강한 기독교 비영리 단체의 경우 조직 운영의 합리성보다 미션에 기반한 개인의 헌신을 더 중요시한다. 그래서 조직이 어떠한 원칙으로 어떻게 운영되어야 하는지는 상대적으로 관심을 덜 두는 경우가 많다.

조직이라는 관점에서 비영리 단체를 이해하고 효과적으로 운영하려면 비영리 단체가 탄생하고 성장, 발전하다가 쇠퇴하는 과정을 이해해야 한다. 그 과정에서 작용하는 다양한 요소와 그 요소들의 역동적 관계를 이해하고 올바로 적용할 수 있어야 한다. 특히 기독교 비영리 단체는, 성경적 관점에서 비영리 미션을 달성하고자 하는 단체로서, 어떤 특성을 지니고 운영되어야 하는지 반드시 이해해야 한다. 그리고 만약 따를 만한 성경적 모델이 있다면 이를 수용하여 적용하고자 하는 노력이 수반되어야 한다.

이 책은 기독교 비영리 단체가 소기의 미션을 달성하기 위해서는 '조직적 관점'에서 비영리 단체의 역동성을 이해하고 적용해야 한다는 문제의식에서 출발한다. 그렇지 못할 경우 아무리 좋은 뜻으로 시작했다고 해도 우리의 미련함 때문에 그 좋은 뜻을 실현하지 못하고 있다는 비난을 면치 못할 것이다(눅 14:29-30). 또한 하나님의 이름으로 빛과 소금의 역할을 충실히 수행하는 데에도 걸림돌이 될 것이 분명하다.

이러한 문제의식을 해결하기 위해 우선 성경의 사례를 찾아보고자 했다. 성경에 나타나는 사건들이 현대사회의 비영리와 곧바로 그 개념이나 본질이 연결되는 것은 아니다. 하지만 그 자체가 비영리적인 성격을 띠고 있으며 본질적, 조직적 차원에서 매우 많은 적용점을 제시해 준다.

특히 애굽에서 노예 생활을 하던 이스라엘 백성이 모세의 지도로 가나안으로 들어가는 출애굽 과정, 에스라와 느헤미야 그리고 스가랴서를 중심으로 기록되어 있는 훼손된 성전과 성벽의 재건축 과정에서 비영리 단체의 조직적 역동성 향상에 적용할 수 있는 것들을 찾아볼 수 있으며, 오늘날 기독교 비영리 단체에 적용할 수 있는 것들도 많이 볼 수 있다.

다음으로 조직의 탄생과 성장을 다루는 조직 성장과 관련된 모델과 이론을 검토했다. 비영리 단체는 일회성 자선활동이나 응급복구 활동이 아니라 장기 지속적인 생존을 바탕으로 사회적 영향력을 창출하는 조직의 하나로 존재해야 한다. 그러기 위해서는 반드시 조직이라는 관점에서 이해되어야 하고, 조직 수준에서도 합리성을 갖추어야 한다. 비록 비영리 단체만을 위해 개발된 모델이나 이론은 아니지만, 기독교 비영리 단체의 입장에서 충분히 수용하고 적용할 수 있는 다양한 조직이론과 모델을 적용해 보고자 한다. 여기에는 퀸(Queen)과 카메론(Cameron)의 조직성장 모형, 민츠버그(Mintzberg)의 조직변화 모델을 중심으로 다른 모델들이 필요에 따라 인용되었다.

또한 비영리 단체의 실제 상황을 이해하기 위해 현재 활동 중이거나 이미 소멸한 비영리 단체의 특징이나 상황, 사례를 같이 검토했다. 각 장의 도입부에 삽입한 사례들을 함께 검토함으로써 성경적 틀과 조직이론적 모델들에 대한 이해와 적용이 한결 더 쉬워질 것이다.


교회는 본질적으로 비영리이다. 교회가 비영리라면 각종 선교단체, 교회연합체 모두 비영리이다. 이들 모두는 성경의 가르침, 우리의 신앙고백, 교리 등과 분리해서는 존재하기 어렵다. 이렇듯 모든 교회와 선교단체들이 비영리 범주에 들기 때문에 모든 성도와 교인은 비영리의 본질과 특성을 알아야 하고, 그 조직적 원리를 이해하고 적용할 수 있어야 한다. 그렇다면 신자임을 고백하는 모든 성도는 이 책에서 이야기하는 바를 몰라도 된다는 책임에서 결코 회피할 수 없다.

특별히 이 책은 우선 기독교인이면서 선교와 복지를 비롯한 다양한 영역에서 비영리 단체를 운영하는 CEO와 직원으로 근무하는 분들을 염두에 두고 쓰여졌다. 단체의 최고 경영자 위치에서 일하고 있거나 이사회 등의 상부 리더십에서 정책결정 등의 역할을 수행하고 계신 분은 반드시 읽어 보았으면 한다. 그리고 현재 기독교 비영리 단체에 근무하면서 더 나은 사회적 영향력 창출에 관심이 있으며 그러기 위해 조직이 어떻게 꾸려져야 하는지 관심 있는 사람이라면 읽어 봐야 할 것이다.

다음으로 향후 기독교 정신을 바탕으로 비영리 단체를 창립하고자 하는 사람들도 읽어보기를 원한다. 비영리 단체는 원래 선한 의도로 탄생되기는 하지만, 지나치게 난립하면 오히려 사회 질서를 혼란케 할 수도 있다.

하나님과 깊은 대화를 통해 말씀을 받지 않은 상황에서 단순한 자선이나 시혜의 차원으로 비영리 단체를 창립하는 것은 위험하므로 자제해야 하고 말씀을 받은 후에도 조직 운영에 대한 합리적 계획을 세워 이를 구성원과 공유해야 한다. 따라서 앞으로 비영리 단체를 창립하여 사회적 영향력을 창출하고 하나님께 영광을 돌리고자 하는 사람은 조직을 어떻게 준비하고 꾸려야 하는지 미리 학습하는 입장에서 이 책을 읽어 볼 필요가 있다.

셋째, 건전한 기독교 비영리 단체를 후원하고자 하는 사람들도 이 책을 읽어 보아야 한다. 조직적으로 건전하지 못하고 사업을 지속할 능력이 없는 단체는 대승적 관점에서 사업을 그만두어야 한다. 그러나 이러한 단체들이 뚜렷한 열매도 없이 명맥을 유지할 수 있는 이유 중 하나는 이 단체나 책임자의 처지가 '불쌍해서' 도와주는 사람들이 있기 때문이다. 단체를 유지하는 것 자체로 또 다른 하나의 사회적 문제가 된다.

이러한 현상을 방지하기 위해 단체를 냉정하게 평가하는 기준이 필요하다. 이 책에서 다루는 조직적 요인들은 비영리 단체의 건전성과 역량을 평가하는 중요한 기준으로 활용할 수 있다. 그러므로 기독교 비영리 단체의 후원자나 기부자에게 해당 단체를 평가해 볼 수 있는 지침을 제공한다.

넷째, 기독교인은 아니더라도 비영리 단체에 근무하는 사람이나 이를 후원하는 사람들도 이 책에서 많은 시사점을 얻을 수 있다. 이 책에서 다루는 많은 내용은 비단 기독교 비영리 단체에만 아니라 비영리 단체 일반에 공통적으로 적용될 수 있는 것들이 많다. 그리고 그 적용은 반드시 종교적 신념에 근거한 것만이 아니라 일반화할 수 있는 지식이나 기법, 원칙들을 많이 다루고 있다. 그러므로 그 부분만으로도 충분히 가치가 있다. 따라서 기독교인이 아니거나 기독교단체가 아니더라도 읽고 시사점을 얻을 수 있는 여지는 충분하다.

● 사례 _ 독수리기독중고등학교

독수리학교(www.eagleschool.com)의 교장 선생님은 수년간 육신의 질병으로 하나님께 기도하던 중 1995년 "내 자녀를 양육하라."는 하나님의 부르심을 받고, 육신의 건강을 회복하기 시작하면서 그 다음 해부터 출석 교회의 아동구역장으로 5명의 아동을 섬기기 시작했다. 이것이 오늘날 도시형 기독교 대안학교의 선두주자로 인정받는 독수리학교의 씨앗이 되었고, 2004년에는 독수리기독중고등학교로 발전했다.

아동 구역은 시작한 지 2년 만인 1997년에 아이와 교사 50여 명으로 늘어났고 그 이듬해인 1998년에는 분당의 더 넓은 공간으로 이전하면서 더욱더 부흥하였다. 그리고 그해 '여름학교'를 개설하면서 대안교육 조직의 모양을 갖추기 시작하였으며, 중등부 전임 교역자를 청빙하여 실질적인 기독교 교육의 체제를 갖추게 되었다.

아동 구역은 1999년에 방과후학교로 더욱 성장 발전되었다. 많은 중학생들이 기존의 공교육과 사교육으로 고통을 겪는 것을 본 교장 선생님은 뜻을 같이하는 교사 4명과 매일 학생들과 성경적 세계관을 바탕으로 둔 학습과 교육이 가능한 방과후학교를 개설했다. 이 사역의 시작과 아울러 토요일에 진행되었던 아동 구역은 '토요학교' 로 이름을 바꾸고 본격적으로 체계화된 대안학교 건립의 틀을 마련하게 된다.

결국, 1999년 10월에는 방과후학교가 '독수리학교' 라고 이름 붙인 비정규 기독교대안학교로 새롭게 출범하였다. 공교육을 보완하는 방과후학교, 주일학교 교육을 보완하는 토요학교와 함께 독수리학교가 중학생 교육을 위한 3대 기독교 교육 프로그램의 하나로 태동한 것이다.

그러나 세 개의 학교 모두가 비상설형인 탓에 학생들의 삶 전체를 인격적으로 나누고 함께 성장해 가는 '진정한 기독교 교육기관' 으로서의 한계를 절감하고, 2000년 교육연구소를 출범시키고 전일제 대안학교의 개교를 준비하게 된다.

약 1년 반의 기도와 노력의 결과로 2002년 3월 '하나님 나라를 건설

할 기독교 인재 양성' 이라는 목표 아래 헌신된 10명의 교사와 9가정의 학부모들이 주축이 되어 13명의 신입생을 맞이하면서 전일제 대안학교인 '독수리기독중학교' 를 개교했다.

개교 후 3년이 지난 2005년 중등과정 학생의 고등학교 진학을 앞두고 독수리기독중학교는 고등학교 과정을 개설한다. 이 과정에서 독수리학교 교사가 20여 명으로 증원되어 실질적인 교사회를 갖추었고, 행정실과 교목실을 설치하여 가르치는 일과 운영하는 일, 영적 양육의 일을 기능적으로 분화했다.

또한 2004년에는 대외협력실을 설치하여 자체 학교 건축을 위한 모금 활동을 전담시키고, 학부모와 원활하게 소통하고 능동적 참여와 협력을 도모하기 위해 학부모net를 설치하고 전담 자원 봉사자(얼마 지나지 않아 직원으로 전환함)를 두게 되었다.

독수리학교는 조직의 부서만을 분화하여 늘린 것이 아니고 학교가 지향해야 할 궁극적 모습과 조직문화의 정착을 위해서도 노력을 기울였다. 전문기관의 도움을 받아 독수리학교를 단순히 몇몇 학생의 대안교육이 아니라 한국 사회 전체를 아우르는 기독교대안교육 운동의 주창자로서 정의하고 이에 걸맞게 미션과 비전, 핵심 가치를 재정립했다.

이외에도 교장 선생님 한 분에 집중된 리더십을 집단리더십으로 전환했다. 학교 건축을 위한 캠페인위원회와 학교후원회를 결성하여 학교 내외부의 많은 분들이 의사 결정과 집행에 참여하고 전문성과 애정을 높일 수 있도록 하고 있다. 장기적으로 학교가 법인으로 등록될 때 실질적인 이사회로 전환되도록 안정적이고 전문적이며 영향력 있는 상부 리더십을 결성한다는 것이다.

또한 독수리학교는 기독교 대안교육협의회에도 주도적으로 참여하여 서로의 지혜와 노하우를 공유한다. 기독교 대안학교 운동을 확산하는 노력에 나서고 있다. 외국의 기독교 대안교육협의회의 하나인 CSI 회원학교로 등록해서 외국의 개별 학교와도 실질적 협력과 교류를 강화해 나가고 있다.

이런 과정을 거쳐 독수리학교는 학생 80여 명의 어엿한 학교로 성장했고, 몇 년 후에는 200여 명으로 증원할 계획도 있다. 이러한 성장을 통해 기독교 대안학교를 준비하거나 운영하는 단체나 교회로부터 가장 성공적인 기독교 대안학교로 인정받음은 물론 교계로부터도 많은 주목을 받고 있다.

독수리학교는 기독교 비영리 단체가 탄생해서 성장해 가는 전형적인 모습을 보여 준다. 독수리학교가 현재 상황에 기독교 비영리 단체로서 조직적으로 완벽하다고 할 수 없다. 그런데도 지난 성장 과정과 지금의 단계에서 보면 아주 훌륭한 조직구조나 체계를 갖추고 있는 것임에는 분명하다.

한국 사회에서 가장 심각한 문제 가운데 하나가 교육이라는 것은 대부분 사람이 인정한다. 특히 교회의 청소년 교육에도 개선의 여지가 많다는 점은 많은 교인들이 공감한다. 이 문제는 독수리학교 교장 선생님이 하나님으로부터 말씀을 받기 전에도 끊임없이 제기되어 왔다.

이 문제를 해결하라는 하나님의 말씀을 받은 교장 선생님은 우선 주일학교라는 기존의 제도적 틀 안에서 그 방법을 강구하게 된다. 주어진 문제를 해결하는 가장 적합하면서도 현실성 있는 기술을 선택한다. 그러나 이 주일학교 아동구역이라는 기술은 해결해야 하는 기독교 교육 전반의 문제(변혁적인 기독교 교육의 회복) 해결책으로 적합하지 않았다. 이에 다른 기술을 모색하여 적용하게 되는데 그것이 바로 토요학교나 방과후학교라 할 수 있다. 토요학교나 방과후학교는 이미 1990년대부터 실험이 시작된 일종의 대안교육 시스템으로 주일학교 아동 구역보다 교육의 문제에 더 깊이 관여하고 해결을 도모할 수 있는 장점이 있었다.

그러나 이 기술들 역시 하나님으로부터 받은 문제 해결에 적합하지 않아, 전일제 대안학교인 독수리학교를 설립하게 된다. 하나님께 받은 말씀을 토대로 교육계의 다양한 기술을 창의적으로 결합하여 청소년 교육(수혜자 시장)의 본질적 문제에 접근, 기독교 교육공동체인 독수리학교라는 기독교 비영리 단체가 생겨나게 된 것이다.

교장 선생님의 헌신과 열정에 몇몇 학부모 가정이 동참하고 뜻을 같이하는 선생님들이 모여들면서 독수리학교는 조직의 모습을 갖추기 시작한다. 교장 선생님 혼자 모든 것을 기획하고 진행하고 평가하던 것을 이제 선생님들이 고유의 교무를 분담하고 같이 논의·집행하면서 하나의 목적을 위해 여러 명의 사람이 상호 작용하는 조직이 탄생한다.

학교가 커지면서 독수리학교는 동시에 기능적 분화를

이루어가기 시작한다. 교육을 담당하는 교사와 행정을 담당하는 행정실이 분화되고, 영적 양육을 담당하는 교목실, 모금과 대외협력 홍보를 담당하는 대외협력실 그리고 학부모와의 협력과 관계 유지를 위한 학부모net이 설치되면서 아주 빠르게 기능적 분화를 이루어 간다.

한편으로 학교의 정체성과 운영 방향 등을 결정하고 학교 운영의 문제를 교사, 학부모, 학생, 전문가 집단이 협력해 풀어나가면서 문제 해결 방식에 대한 합의와 수렴을 이루어 가는 과정에 있다. 이것이 독수리학교만의 고유한 조직문화로 발전되어 가고 있다.

독수리학교는 탄생 이후 오늘날의 성장에 이르기까지 단순하게 학생과 교사의 수만 늘려 온 것이 아니다. 이를 충분히 뒷받침하고 견인할 만한 조직적 체계를 갖추고 조직 관행이나 문화를 합리적으로 발전 정착시켜 오고 있다.

하지만 독수리학교도 조직적 취약성이 여전히 남아 있어서 교장 선생님을 비롯한 상부 리더십이 어떻게 역할을 분담하고 수행해 나갈 지 뚜렷한 모습을 그리지 못한 상황이다. 기능부서 간의 역할 분담과 조정 메카니즘이 아직 안정적이지 못하며 교사회를 위한 중견 교사 리더십의 개발이 부족한 점 등은 많은 부분에서 조직적 취약점이 남아있음을 보여준다.

근래 들어 나타나는 비영리 단체의 특성은 공식성과 지속성을 갖춘 조직이라는 점이다. 공식성이라 함은 비영리 단체가 임시적이거나 비공식적인 모임이 아니라 일정의 원칙과 기준 등의 체계를 갖춘 조직이어야 함을 의미하고, 지속성이란 이러한 체계가 단시일에 소멸되는 것이 아니라 '계속 조직'으로 영구적 생존을 목적으로 함을 의미한다.

대부분 조직들이 공식성과 지속성을 갖춘 완벽한 모습을 추구하지만 애석하게도 타락한 이 세상에 완벽한 조직은 없다. 세상 만물이 다 타락하고 왜곡되어 있다는 기독교 교리적 고백 외에 현실적으로도 조직은 완벽할 수가 없다.

이 말은 조직의 구조적 측면에서나 운영 측면에서 모두 맞는 말이다. 조직은 세상에 단독으로 홀로 존재하는 것이 아니기 때문에 다양한 환경 요인과 상호 작용하게 된다. 조직은 이들 환경 요인들과 효과적으로 상호 작용하는 한 방편으로 조직 구조를 바꾸고 운영 방법을 합리적으로 설계하고자 한다. 하지만 환경 요인의 수가 너무 많고 그 속성이 가변적이기에 한번 설정된 조직 구조나 운영 방법으로 이를 충족하기 어렵다.

내부적으로도 많은 사람들이 모여 여러 가지 일을 수행하기 때문에 부서를 나누고, 책임자를 세우고, 각종 의사소통이나 조정 방법을 도입한다. 하지만 원래 완벽하지 못한 사람들이 조직을 설계하고 운영하기 때문에 이 역시 불완전하다.

그래서 더욱 내부의 눈으로 보면 자기 조직이 불안해 보이거나 화가 치밀 정도로 불합리해 보이기도 한다. 엉성하게 분화된 부서, 명확하지 않은 권한 책임과 조정 체계, 원칙 없는 의사 결정과 정보의 막힘, 수용하기 어려운 인사 관행 등등 아주 답답하게 느껴지기도 한다.

하지만 많은 기독교 비영리 단체들은 이러한 조직적 현실과 문제에 뚜렷한 대책을 마련하지 못하고 있다. 눈앞에 닥친 사업을 수행하고 여기에서 발생하는 문제를 해결하는 데 바쁘고 늘 적자인 재정을 조달하는 데 정신이 없다. 때문에 한가하게(?) 조직 구조나 논의하고 있을 시간이 없을 뿐더러, 하나님의 일을 하러 모인 사람들은 조직이 불합리하다고 불평해서는 안 되고 강한 소명과 미션 의식으로 참고 헌신하는 게 당연하다고 생각한다. 그러다 보니 조직적 뒷받침이 허약하여 사업은 사업대로 어려워지고, 조직은 약해지며, 그 구성원은 미션과 조직에 대한 헌신과 만족이 낮아져 조직을 떠나는 일이 종종 발생한다.

하나님께서 주신 미션을 달성하기 위해 그리고 내부 구성원의 만족스러운 직장 생활을 위해 합리적인 조직의 설계와 운영은 비영리 단체에게 반드시 필요하다. 인간이 타락했고 불합리하다고 해서 구원을 이루어 가는 일련의 노력을 기울이지 않는 것은 하나님의 영광을 가리는 것과 마찬가지이다. 이런 이치로 조직 역시 그와 같은 노력을 기울여야 한다. 그렇지 않을 경우, 기독교 비영리 단체를 통해 소중한 일을 이루고자 하시는 하나님의 뜻이 제대로 구현되지 못하는 상황이 발생할 수도 있으며, 하나님의 일을 위해 모여든 많은 사람에게 실망과 상처를 남겨 주게 될 것이다.

그래서 비록 모든 기독교 비영리 단체가 완벽하지 못하지만 변화하는 환경의 동향에 적응하고 효과적인 조직 구조와 업무 수행 체제를 갖추는 것은 반드시 필요하다.

이러한 구조와 체계를 이해하고 갖추기 위해 여러 측면에서 접근을 시도해야 한다. 우선 기독교적 관점에서 비영리에 대한 교리적인 이해가 필요하며 성경에 나타나는 사례를 살펴 볼 필요가 있다. 하지만 비영리 단체에 대한 교리적 이해보다 실질 사례를 살펴보는 것이 더 현실적이고 역동적일 것이다. 그래서 교리보다 우선 실제 적용이 가능한 사례를 살펴보기로 한다.

주로 살펴 볼 사례는 첫째, 구약성경의 에스라와 느헤미야, 그리고 스가랴를 중심으로 훼손된 성전과 성벽을 재건축하는 과정이다. 다음으로 애굽에서 노예 생활을 하던 이스라엘 백성이 모세의 지도로 가나안으로 들어가는 출애굽 과정이다. 이 두 사건을 통해 비영리 단체의 탄생과 성장, 쇠퇴 등에 관련된 조직적 다이내믹의 다양한 측면을 살펴보게 될 것이다.

다음으로 그동안 연구된 현대의 조직이론과 모델을 살펴봄으로써 한국의 기독교 비영리 단체에 적용할 수 있는 점을 찾아보기로 한다. 조직 관련 연구와 모델의 대부분은 정부나 군대를 비롯하여 주로 기업조직을 대상으로 개발되고 있다. 하지만 조직이라는 측면에서 보면 비영리 조직에도 동일하게 적용될 수 있는 게 많다.

조직 성장이나 조직 유형, 내부 관리 체계 등과 관련되어 조직은 어떻게 해서 생성되는가? 성장과 발전기를 거치면서 겪는 변화에 어떤 것이 있는가? 등등 근본적이고 실질적인 질문을 제기하고 이에 대한 답을 찾아가는 데 기존에 개발된 이론들은 상당한 답을 제공한다. 따라서 기독교 비영리 단체에 유사한 질문을 던지고 답을 찾는 것은 기독교 비영리 단체의 합리성을 제고하고 이를 통한 사회적 영향력 확장과 하나님 나라의 구현에 많은 도움을 줄 것이다. 이러한 질문에 대한 답은 일반적인 조직이론에서도 얻을 수 있는데, 그 중에서도 퀸과 카메론이 제시한 조직성장 모형 그리고 민츠버그의 조직변화 모형은 유용한

틀로써 손색이 없다.

마지막으로 국내외의 기독교 비영리 단체 사례를 구체적으로 살펴볼 것이다. 앞서 살펴본 독수리학교와 같이 잘 성장하고 있는 사례는 물론, 고전하는 단체나 이미 문을 닫은 조직까지 다양한 사례를 각 장의 도입부에 제시했다. 이들 사례의 검토는 직접적으로 단체를 설립하고 운영하는 데 구체적인 적용점을 제공할 뿐만 아니라 현 상황에 대한 이해를 높여줄 것이다.

이와 같은 검토를 통해 해결하고자 하는 것들은 대략 4가지 정도로 크게 요약된다. 첫째, 기독교 비영리 단체가 탄생하기 위한 기본 요건은 무엇이며 이 요건의 구체적인 내용은 무엇인가? 둘째, 기독교 비영리 단체가 조직으로 성장하는 경우 어떤 특징을 갖추게 되는가? 셋째, 성장한 단체는 어떤 이유로 어떻게 쇠퇴해 가는가? 그리고 전체 과정에서 리더십은 어떤 역할을 하는가? 이다.

이러한 문제들을 하나씩 하나씩 풀어 가면서 기독교 비영리 단체의 탄생과 성장을 위한 시장과 기술의 중요성,

창의적 리더의 역할과 그 리더십 교체의 필요성, 적절한 조직 분화와 상호 작용의 필요성 등에 대한 이해와 안목을 얻게 될 것이다.

또한 무엇보다 하나님의 말씀을 받는 것과 리더의 모범과 겸손함이 기독교 비영리 단체의 탄생과 성장에 얼마나 중요한 핵심이 되는지도 알게 될 것이다.

# 2장_ 비영리 사업의 발생과 운영의 기초

## ● 사례 _ 새로운 도전을 시도하는 한국헬프에이지

한국헬프에이지(www.helpage.or.kr)는 1982년 국제헬프에이지(HelpAge International)의 회원 기관으로 설립되어 무의탁 노인 결연사업 등을 실시해 오던 중, 2003년부터 노인참여나눔터라는 새로운 개념의 무의탁 노인 관련 사업을 도입하고 그 정착과 확산에 노력을 경주하고 있다.

국내에 생계비를 정부에 의존하면서 가족으로부터 식사 준비나 수발의 도움을 받기 힘든 무의탁 노인은 약 64만 명 정도로 추산된다. 한국헬프에이지는 이 노인들이 고령과 만성질환으로 고생하는 동시에 결식과 영양 결핍의 문제까지 겪고 있는 것을 보고 노인들을 위한 결식 해소 사업에 나서기로 결정했다.

그러나 기존의 노인 결식 해소 사업은 대부분 노인들을 단순한 수혜자로 여겨 수동적으로 급식소에 와서 밥만 먹고 가는 방식을 채택하여, 노인들의 자발적 참여는 물론 의견 반영 등이 잘 이루어지지 않는다는 문제가 있었다.

이런 문제를 해결하기 위해 한국헬프에이지는 '노인들 스스로 모임을 조직하여 스스로 결식 등의 문제를 해결하는 운동'을 펼치기로 하고 이른바 '노인참여나눔터'를 개설하기 시작했다. 이곳에서는 무의탁 노인 스스로 식단을 결정하는 것은 물론, 텃밭 가꾸기, 민요교실, 한글교실 등을 개설하여 이 모든 것에 노인들의 의견을 수렴하고 반영하여 참여하도록 했다.

예를 들어 야유회를 갈 때에도 단순히 어디로 가는 게 좋은지 물어보는 수준이 아니라 야유회를 갈 것인지 여부까지 노인들 스스로 결정하며 장소와 시간, 스케줄과 각종 준비도 스스로 결정하게 했다. 날짜와 장소, 스케줄을 모두 정해 놓고 통보만 하거나 장소와 일시에 대해 단순히 의견을 수렴하는 다른 단체와는 근본적으로 다른 접근 방법을 사용한 것이다.

여기에 사용되는 예산의 일부는 '모금의 신기술'이라 할 수 있는 인터넷을 활용해 모금하고 있다. 인터넷 사이트와 협약하여 그 회원들에게 이메일을 통해 후원을 요청하는 방법으로 기부자를 확보하고

CMS 방식으로만 결제하는 이른바 소개 마케팅을 활용하여 일정의 모금을 달성해 왔다.

이러한 참여나눔터는 출발한 지 1년 만에 전국 8개 곳으로 확산되고 향후 한국헬프에이지의 중점 사업으로 지속적인 확산을 하기 위해 노력을 경주하고 있다.


위 기관은 비록 기독교 단체는 아니지만 비영리 단체의 사업이 어떻게 발생하는지 전형적인 예를 보여준다. 한국헬프에이지는 기존에 무의탁 노인 사업을 다양한 방법으로 실시해 왔다. 하지만 '노인참여나눔터' 라는 새로운 비영리사업을 시작하면서 그간 충족되지 않았던 참여 욕구(수혜자 시장)를 파악하여, 자체 운영 급식소라는 기술과 창의적으로 결합시켰다.

노인의 참여 욕구는 분명 예전부터 존재해 온 것이고 노인들 스스로 식단을 결정하고 식탁을 차리는 것은 평상시 식사 활동과 별반 다른 것이 없다. 그러나 이러한 모든 요소를 비영리 영역으로 가져와 창의적으로 결합함으로

써 새로운 개념의 무의탁노인 사업을 개발하고 이를 조직
화하여 전국적으로 확산을 도모하고 있다.

조직이 어떻게 하여 생성되는지에 대한 명확한 모델이
나 일반화된 이론은 찾아보기 힘들다. '정부의 실패'에 따
라 일부 정부 기능의 위임 수행을 위해 비영리 단체가 발
생한다거나, '시장의 실패'로 기업이 제공하지 못하는 서
비스를 제공하기 위해 비영리 단체가 필요하다는 거시적
관점에서 설명이 있기는 하다. 하지만 조직 그 자체에 초
점을 둔 미시적 수준에서 비영리 단체의 발생을 설명하는
모델이나 이론은 찾아보기 힘들다.

조직의 성장 과정을 규명하는 여러 모델 역시 발생 이
후 어떠한 과정을 거쳐 성장, 발전, 쇠퇴하는지 비교적 자
세하게 제시되고 있지만 발생 자체에 대한 설명은 부족
하다.

이론적으로 그렇다 하더라도 우리가 궁금한 것은 과연
비영리 단체가 어떠한 요인 때문에 발생하는가 하는 점이
다. 다행스럽게도 우리는 기업에서 신*사업이 어떻게 창

출되는가를 살펴봄으로써 비영리 단체 발생의 모양을 추론해 볼 수 있는 여지가 있다.

## ● ● 사업의 탄생 _ 시장, 기술 그리고 창립자

일반적으로 기업에서 신사업이 출현하는 고전적 요인으로 시장과 기술, 그리고 이를 창의적으로 결합하는 창립자를 들 수 있다. 최근 들어 이들 요인에 다양한 재해석이 이루어지고 다른 요인이 추가되기도 하지만 이들 세 요인이 근본적인 것임에는 변함이 없다.

시장이란 기업 조직이 만들어 판매하는 재화나 서비스를 구매하려는 욕구 또는 그 욕구를 소유한 주체를 의미한다.*

---

*기업 입장에서 보면 시장은 크게 두 가지로 구분된다. 기업에게 재화를 제공하는 공급자 시장과 기업의 재화를 구매하는 구매자(수요자) 시장이다. 그러나 일반적으로 시장이라 할 때에는 구매자(소비자)를 지칭하는 경우가 많다.

시장은 경제적, 사회적, 법적, 개인적 요인에 따라 특정 재화나 서비스를 구매하기도 하고 거부하기도 하며, 더 많이 구매하거나 소비를 줄이기도 한다. 따라서 하나의 사업이 성장, 발전하기 위해서는 일정 규모 이상을 갖춘 시장이 반드시 존재해야 한다.

일정 규모의 시장이 존재한다고 해도 시장이 요구하는 필요를 적정한 효용에 적당한 가격으로 공급할 수 있는 기술이 부족하면 시장의 가치는 무의미하게 된다. 예를 들어 우주여행을 시장이 아무리 원한다 하더라도 이를 적절한 가격으로 구현할 수 있는 우주여행 기술이 존재하지 않는다. 때문에 '우주여행'을 주력 상품으로 판매하는 여행사 조직은 등장하지 못하는 것이다. 설령 요즘과 같이 우주여행이 가능하게 되었다 하더라도 시장의 지불 능력 범위 내에서 이를 구현할 수 있는 저렴한 기술로 전환되지 못했다. 때문에 '우주여행'이라는 상품이 시장에서 대중화되기 위해서는 기술의 획기적 발전이나 신기술의 도입이 필요하다.

그러나 시장이나 기술보다 더 중요한 요소는 창립자라

할 수 있다. 시장과 기술은 반드시 서로의 입장을 반영하여 같이 발전하거나 개발되는 것이 아니고, 서로 다른 측면에서 다른 양상을 보이며 변화, 발전하는 경향이 높다. 이렇게 서로 연관성이 낮은 시장과 기술을 창의적으로 결합하여 하나의 의미있는 사업이 되도록 하는 게 바로 창립자의 역할이다.

근대 산업화 중심에 서 있는 전화기나 전구는 이러한 과정을 거쳐 가치가 실현된 대표적인 상품들이다. 에디슨이 전구를 발명하기 전에 이미 '더 밝은 조명'을 원하는 시장의 욕구가 커졌으며 필라멘트라는 발광 물질에 대한 연구가 상당히 진전되고 있었다. 에디슨이 바라는 것은 '가스등 체제'에 가스등 대신 전구를 장착하여 조명을 밝히는 일이었다.

벨 역시 '장난감' 같던 전화기를 '전보'를 대신하여 음성을 바로 전달하는 의사소통 시스템을 개발했다. 이들은 더 밝은 조명이나 원활한 의사소통에 대한 시장의 욕구에 실현 가능성을 보인 기존의 기술(드러나기에는 혁신적 신기술이었지만)을 창의적으로 결합함으로써 새로운 세상을 여는 데 결정적인 기여를 한다.

위와 같은 세 가지 요인으로 사업이 탄생하면 이 사업을 추진하는 조직이 탄생하게 된다. 물론 창립자의 창의적 결합 과정에서 조직이 탄생하기도 한다. 하지만 이 사업 아이템을 부가가치 높은 상품이나 서비스로 전환하고 이윤을 창출하기 위한 다양한 활동을 수행하기 위해서는 조직(이것이 단일 기업이든 하나의 부서든 간에)으로 운영되어야 한다.

비영리 단체가 탄생하게 되는 요소도 이와 아주 유사하다고 할 수 있다. 비영리 단체도 그 조직적 의미가 현실화되기 위해 가시적인 시장과 활용할 수 있는 기술 그리고 이들을 창의적으로 결합하여 일을 만들고 꾸려가는 창립자가 반드시 필요하다.

### ● ● ● 비영리의 시장

비영리 단체에는 기업과는 달리 2가지 시장이 존재한다. 서비스 요금을 주 수입원으로 하는 일부 비영리 사업(교육, 의료 등)을 제외하고 대부분의 비영리 단체는 일반적으로 수혜자 시장(Clients)과 기부자 시장(Donor)이라는 두 개의 시장을 가진다.

#### 수혜자 시장

전술한 대로 시장이란 기업 조직이 만들어 판매하는 재화나 서비스를 구매하려는 욕구 또는 그 욕구를 소유한 주체를 의미한다. 이 개념에 따르면 비영리 단체 시장은 각종 서비스의 혜택을 받는 수혜자(Client)를 의미한다고 할 수 있다. 이는 단체의 종교적 토대와 전혀 무관하며 일련의 육체적, 경제적, 심리적, 사회적 필요와 욕구가 있는 대상을 의미한다. 더 나가서는 그 필요와 해소되지 못한 욕구나 문제 그 자체(이른바 cause라고 하는 것인데 이 책에서는 이를 대의大義로 표기함)가 비영리 단체의 시장이 된다.

현실적으로 이 대의에는 두 가지 종류가 있는데, 그 하나는 수혜자의 상징적 대의이며 다른 하나는 본질적 대의이다. 상징적 대의란 눈에 보이는 가시적이고 측정 가능한 정량적인 것이며, 본질적 대의란 상징적 대의 이면에 존재하는 철학적, 신앙적, 인간적인 가치들이라 할 수 있다.

예들 들면 아동의 결식이라는 것은 상징적 대의라 할 수 있다. 몇 명의 아동이 몇 끼를 굶고 있으며 결식아동의 비율이 전체 아동 인구의 몇 %가 되는지 등은 전수 조사가 아니더라도 추론이나 정량적 통계의 제시가 가능하다. 아동 결식이 상징적 대의라면 아동의 생존권이라는 것은 본질적 대의에 가깝다. 생존이라는 것은 단순하게 정시에 끼니를 거르지 않고 적당량을 먹는 것 이상 인간으로서 실존적인 문제에 가까우며 정량화하거나 지표화하기가 어렵다.

또한 한 두 가지 상징적 대의가 해결되었다고 해서 본질적인 대의가 다 해결되는 것은 아니다. 결식 해소가 바로 아동 생존권 보장이라고 말할 수 없는 이치와 같은 것이다. 아동의 생존권이라는 것은 결식 외에도 쾌적한 주거 여건, 폭력으로부터의 자유, 소속과 사랑, 적당한 교육, 의사 결정에 있어서의 의견 존중, 인격체로서 인정 등등 다른 상징적 대의들이 통합되어 하나의 본질적 대의로 인식된다.

이들 두 가지 대의는 비영리 단체의 사업 영역을 규정하며 단체의 정체성까지도 결정하게 된다. 비영리 단체는 상징적 대의를 넘어서 본질적 대의에 접근하며, 이들 상징적 대의를 본질적 대의로서 해석하고 의사소통하여 가치를 부여할 수 있어야 한다. 가시적인 상징적 대의만을 해결하는 것은 단기 대증요법으로, 근본적인 원인을 치유하거나 하는 데에 한계를 금방 드러내기 때문이다.

이 같은 비영리 단체의 수혜자 시장 개념은 기독교 단체에게도 동일하게 적용된다. 우선 상징적 대의를 살펴보면 이스라엘 백성이 무너지고 훼파된 성전과 성벽을 재건하는 것을 전형적인 것으로 볼 수 있다. 이에 관해서는 역대하와 느헤미야에 비교적 자세하게 기술되어 있다.

> 또 하나님의 전의 대소 기명들과 여호와의 전의 보물과 왕과 방백들의 보물을 다 바벨론으로 가져가고 또 하나님의 전을

불사르며 예루살렘 성을 헐며 그 모든 궁실을 불사르며 그 모든 귀한 기명을 훼파하고 무릇 칼에서 벗어난 자를 저가 바벨론으로 사로잡아 가매 무리가 거기서 갈대아 왕과 그 자손의 노예가 되어 바사국이 주재할 때까지 이르니라 이에 토지가 황무하여 안식년을 누림같이 안식하여 칠십 년을 지내었으니 (대하 36:18-21).

역대하의 기록대로 하나님의 성전이 바벨론의 침탈로 처참하게 불타고 훼손되었다. 이는 성전 자체는 물론 성전 기물까지도 있어야 할 자리에 있지 못하는 상황, 성과 궁궐도 불타고 훼손된 것, 백성이 바벨론으로 끌려가 노예가 된 것 그리고 이스라엘 땅이 황무해져서 소산을 내지 못하는 것이 당시 이스라엘의 필요를 대변하는 상징적 대의이다.

느헤미야서에는 느헤미야 자신이 실제 불에 타고 무너져 70년간 방치된 성과 성문에 대한 소식을 들을 것과 그것을 직접 본 경험을 적어 놓고 있다.

저희가 내게 이르되 사로잡힘을 면하고 남은 자가 그 도에서 큰 환난을 만나 능욕을 받으며 예루살렘 성은 훼파되고 성문들은 소화되었다 하는지라 … 그 밤에 골짜기 문으로 나가서

> 용정으로 분문에 이르는 동안에 보니 예루살렘 성벽이 다 무
> 너졌고 성문은 소화되었더라(느 1:3, 2:13).

이때 상징적인 대의는 불에 타고 무너져 내린 성전과 성벽을 복원하고 성전 기명들을 본래의 위치에 되돌려 놓으며, 노예가 된 이스라엘 백성을 본향으로 귀향시키는 것이었다.

이 상징적 대의가 해결될 미래의 상황에 대해 하나님은 스가랴서를 통해 이렇게 말씀하고 계신다.

> 만군의 여호와가 말하노라 예루살렘 길거리에 늙은 지아비와
> 늙은 지어미가 다시 앉을 것이라 다 나이 많으므로 각기 손에
> 지팡이를 잡을 것이요, 그 성읍 거리에 동남과 동녀가 가득하
> 여 거기서 장난하리라 … 곧 평안한 추수를 얻을 것이라 포도
> 나무가 열매를 맺을 것이며 땅이 산물을 내며 하늘은 이슬을
> 내리리니 내가 이 남은 백성으로 이 모든 것을 누리게 하리라
> (슥 8:4-5, 12).

그렇다면 당시 상징적 대의의 이면에 자리잡은 본질적 대의는 과연 무엇이었을까? 이에 관해 에스라는 다음과 같이 기록하고 있다.

제사장을 그 분반대로 레위 사람을 그 반차대로 세워 예루살
렘에서 하나님을 섬기게 하되 모세의 책에 기록된 대로 하게
하니라 사로잡혔던 자의 자손이 정월 십사일에 유월절을 지키
되 제사장들과 레위 사람들이 일제히 몸을 정결케 하여 다 정
결하매 사로잡혔던 자의 모든 자손과 자기 형제 제사장들과
자기를 위하여 유월절 양을 잡으니 사로잡혔다가 돌아온 이스
라엘 자손과 무릇 스스로 구별하여 자기 땅 이방 사람의 더러
운 것을 버리고 이스라엘 무리에게 속하여 이스라엘의 하나님
여호와를 구하는 자가 다 먹고 즐거우므로 칠일 동안 무교절
을 지켰으니 이는 여호와께서 저희로 즐겁게 하시고 또 앗수
르 왕의 마음을 그들에게로 돌이켜 이스라엘의 하나님이신 하
나님의 전 역사하는 손을 힘 있게 하도록 하셨음이었느니라
(스 6:18-22).

이스라엘 백성에게 본질적 대의는 하나님의 말씀대로
(모세의 기책에 기록된 대로) 하나님을 섬기며, 하나님이 지시
한 대로 살아가는 삶의 모양을 찾아(이방인과 구별되고, 유월절
을 지키는) 그로 인해 즐거움을 누리는 것이었다. 단순히 눈
에 보이는 성전과 성벽으로 그들의 문제가 다 해결된 것
은 아니며 본질적으로 해결되고, 회복되고, 갖추어야 할
삶의 모습과 문화가 있었다. 한편으로 느헤미야에는 이

본질적 대의가 해결된 상황에 대해 다음과 같이 기술하고
있다.

이스라엘 자손이 그 성읍에 거주하였더니 칠월에 이르러는 모
든 백성이 일제히 수문 앞 광장에 모여 학사 에스라에게 여호
와께서 이스라엘에게 명령하신 모세의 율법책을 가져오기를
청하매 칠월 일일에 제사장 에스라가 율법책을 가지고 곧 남
자나 여자나 알아들을 만한 회중 앞에 이르러, 수문 앞 광장에
서 새벽부터 정오까지 남자, 여자 무릇 알아들을 만한 자의 앞
에서 읽으매 뭇 백성이 그 율법책에 귀를 기울였는데 … 에스
라가 광대하신 하나님 여호와를 송축하매 모든 백성이 손을
들고 아멘 아멘 응답하고 몸을 굽혀 얼굴을 땅에 대고 여호와
께 경배하였느니라 … 사로잡혔다가 돌아온 회 무리가 다 초
막을 짓고 그 안에 거하니 눈의 아들 여호수아 때로부터 그 날
까지 이스라엘 자손이 이같이 행함이 없었으므로 이에 크게
즐거워하며 에스라는 첫날부터 끝날까지 날마다 하나님의 율
법책을 낭독하고 무리가 칠일 동안 절기를 지키고 제 팔일에
규례를 따라 성회를 열었느니라 … 그 달 이십 사일에 이스라
엘 자손이 다 모여 금식하며 굵은 베를 입고 티끌을 무릅쓰며
모든 이방 사람들과 절교하고 서서 자기의 죄와 열조의 허물
을 자복하고(느 8:1-3, 6, 17-18, 9:1-2).

이와 같이 본질적 대의가 구현될 장래의 모습을 스가랴는 다음과 같이 이미 기록하고 있다.

> 만군의 여호와가 말하노라 내가 내 백성을 동방에서부터, 서방에서부터 구원하여 내고, 인도하여다가 예루살렘 가운데 거하게 하리니 그들은 내 백성이 되고 나는 성실과 정의로 그들의 하나님이 되리라(슥 8:7–8).

모세를 지도자로 세워 애굽에서 나온 이스라엘 백성을 살펴보면 상징적 대의와 본질적 대의 간의 갈등을 찾아볼 수 있다. 갈등이라기보다 본질적 대의를 이해하지 못하고 눈앞의 상징적 대의에만 집착하는 이스라엘 백성의 모습을 볼 수 있다.

출애굽기 2장에 보면 장성하여 40세가 된 모세가 자기 형제의 고생함을 목도하는 장면이 기술되어 있다. 이 때 모세가 본 것은 상징적 대의에 불과하다. 형제들이 고되게 노동하는 것과 애굽 사람에게 매 맞는 것으로부터 벗어나는 그 자체가 모세가 본 상징적 대의인 것이다.

모세가 장성한 후에 한번은 자기 형제들에게 나가서 그 고역함을 보더니 어떤 애굽 사람이 어떤 히브리 사람 곧 자기 형제를 치는 것을 본지라(출 2:11).

하나님의 도우심과 역사로 애굽에서 벗어난 이스라엘 백성의 관심 역시 상징적 대의에 매여 있는 것을 볼 수 있다. 이스라엘 백성은 두 달 반의 광야 생활을 거치는 동안 먹을 것이 떨어지자 모세와 아론을 원망한다. 애굽에서는 노예였어도 먹을 것은 배불리 먹었다는 것이다. 애굽에 사는 동안 '굶주림'이라는 상징적 대의는 해소되었다. 그러나 지금 광야에서 그 문제가 해소되지 못하면 본질적 대의는 생각할 수도 없다는 듯한 태도를 보여주고 있다.

이스라엘 자손의 온 회중이 엘림에서 떠나 엘림과 시내산 사이 신 광야에 이르니 애굽에서 나온 후 제 이월 십오일이라 이스라엘 온 회중이 그 광야에서 모세와 아론을 원망하여 그들에게 이르되 우리가 애굽 땅에서 고기 가마 곁에 앉아 있던 때와 떡을 배불리 먹던 때에 여호와의 손에 죽었더라면 좋았을 것을 너희가 이 광야로 우리를 인도해 내어 이 온 회중으로 주려 죽게 하는도다(출 16:1-3).

그러나 하나님은 모세가 40세에 본 상징적 대의와 이스라엘 백성이 광야에서 갈구하던 상징적 대의와 아울러 더 본질적인 대의에 주목하고 계심을 알 수 있다.

출애굽기 2장에서 하나님 역시 이스라엘 백성이 애굽에서 노예생활로 고통받는 소리를 들으셨고 그들을 그 고통으로부터 건져내야 함을 말씀하고 계시다. 그러나 하나님은 거기에서 그치는 것이 아니라 선조와의 약속(출 2:24), 새로운 땅에 대한 소망과 풍성함(출 3:8), 하나님의 주권 회복(출 6:7-8)이라는 아주 본질적 대의에 주목하고 계신다. 그러나 이스라엘 백성은 여전히 가혹한 노역에서의 회피라는 상징적 대의에만 주목하고 있음을 볼 수 있다(출 6:9).

하나님이 그 고통 소리를 들으시고 아브라함과 이삭과 야곱에게 세운 그 언약을 기억하사 이스라엘 자손을 권념하셨더라 … 여호와께서 가라사대 내가 애굽에 있는 내 백성의 고통을 정녕히 보고 그들이 그 감독자로 인하여 부르짖음을 듣고 그 우고를 알고 내가 내려가서 그들을 애굽인의 손에서 건져 내고 그들을 그 땅에서 인도하여 아름답고 광대한 땅, 젖과 꿀이 흐르는 땅 곧 가나안 족속, 헷 족속, 아모리 족속, 브리스 족속, 히위 족속, 여부스 족속의 지방에 이르려 하노라 이제 이스라엘 자손의 부르짖음이 내게 달하고 애굽 사람이 그들을 괴롭게 하는 학대도 내가 보았으니 이제 내가 너를 바로에게 보내어 너로 내 백성 이스라엘 자손을 애굽에서 인도하여 내게 하리라(출 2:24-25, 3:7-10).

그러므로 이스라엘 자손에게 말하기를 나는 여호와라 내가 애굽 사람의 무거운 짐 밑에서 너희를 빼어 내며 그 고역에서 너희를 건지며 편 팔과 큰 재앙으로 너희를 구속하여 너희를 내 백성으로 삼고 나는 너희 하나님이 되리니 나는 애굽 사람의 무거운 짐 밑에서 너희를 빼어 낸 너희 하나님 여호와인 줄 너희가 알찌라 내가 아브라함과 이삭과 야곱에게 주기로 맹세한 땅으로 너희를 인도하고 그 땅을 너희에게 주어 기업을 삼게 하리라 나는 여호와라 하셨다 하라 모세가 이와 같이 이스라엘 자손에게 전하나 그들이 마음의 상함과 가혹한 노역으로 말미암아 모세의 말을 듣지 아니하였더라(출 6:6-9).

이와 같은 상징적, 본질적 대의는 시대와 지역을 막론하고 언제나 존재한다. 예수님께서도 가난이라고 하는 상징적 대의는 항상 인류와 함께 한다고 말씀하셨고, 그것이 같은 시대를 사는 기독교인의 책임이라고 말씀하셨다.

가난한 자들은 항상 너희와 함께 있으니 아무 때라도 원하는
대로 도울 수 있거니와  나는 너희와 항상 함께 있지 아니하니
라(막 14:7).

그러나 중요한 것은 상징적인 대의가 늘 눈에 보인다
고 해서 그것이 양심적이고 신앙심에 가득 찬 기독교인이
곧바로 해결해야 할 문제는 아니라는 점을 알아야 한다.
애굽에서 노예 생활에 고통받는 이스라엘 백성을 자신의
힘으로 어떻게 해보려 하던 40세의 모세가 그 예 중의 하
나라 할 수 있다. 이점은 창의적 기업가 부분에서 자세히
다루고자 한다.

### 기부자 시장

두 번째 중요한 시장은 기부자 시장(Donor)이다. 기부
자 또는 후원자라 할 수 있는 이들은 상징적이든 본질적이
든 충족해야 하는 대의를 실제 해결할 수 있도록 재정적,
물질적, 지적, 인적 자원을 제공하는 사람이나 기관을 의
미한다.

대부분의 비영리 단체가 만들어질 때에 합리적인 기부자 시장을 염두에 두지 않는 경향이 있다. 우선 염두에 두고 주목해 보는 것은 수혜자 시장이다. 어디에 어떤 필요가 있으며, 무엇이 올바른 것인지 등에 초점을 둔다는 것이다. 이에 반해 기부자 시장에 대해서는 아주 무계획적이고 낭만적이거나 거의 맹신에 가까운 믿음을 가지는 경향이 높다.

특히 기독교인의 경우 오로지 '믿음'에 의지하여 '돈'은 하나님이 알아서 충족해 주신다는 신념 또는 자기 재산을 희생한다는 생각으로 출발한다. 이는 40년 광야 생활에서 물을 주시고, 만나와 메추라기를 주시는 하나님에 대한 전적인 의존이다.

그도 그럴 만한 것이 혹자는 개신교 교회가 대한민국에서 가장 부자 조직이라고들 한다. 1천만(통계청 발표로는 약 670만 명)에 가까운 성도가 매주 예배를 드리며, 신도의 수가 75만 명에 이르는 세계에서 가장 큰 교회가 한국에 있고, 추정되는 전국의 교회 수는 6만여 개에 이른다.

하나님의 명령에 따라 전체 교인이 소득의 십일조를

제대로 드린다면 1인당 국민소득을 1만 달러(1천만 원)로 단순 계산해도 교회에는 연간 6조 7천억 원의 십일조가 모이게 된다. 이 중 10%만 교육, 사회복지, 시민 활동에 사용한다고 해도 6천 7백억 원의 돈이 이 영역에 지출될 수 있다.

이 액수는 2001년 전경련이 조사한 우리나라 200여 개 주요 기업의 사회 공헌 활동 지출비 6천7백억 원과 거의 비슷한 규모이다. 우리나라에서 가장 큰 모금 단체인 사회복지공동모금회가 2004년 한 해 동안 사용한 사업비가 1,453억 원 수준인 것과 비교하면 기부자로서 교회의 크기와 가치를 쉽게 파악할 수 있다.

굳이 기적이 아니더라도 기도만 잘 드리면 이 액수의 부스러기만 취해 조그마한 비영리 단체나 시설을 운영할 수 있을 것 같다.

그러나 이와 같은 총량적 접근은 큰 도움이 되지 못한다. 많은 기독교 비영리 단체들이 재정적인 문제로 어려워하는 것은 교회 재정의 총량이 너무 적은 이유가 아니다. 교회 복지 관련 예산이나 지출이 지나치게 적은 만큼 교회 내 기부와 자산의 문화가 충분히 형성되지 못하거나,

기부자 시장에 대한 현실적이고 냉정한 판단과 대응이 부족하기 때문이다.

예전에는 고아와 과부 등 불쌍한 사람을 돕는다고 하면 동정심과 신앙적 양심에 따라 일정 수준에서 기부가 이루어져 온 것이 사실이다. 그리고 기부한 사람들조차도 시설이나 단체 운영자를 믿고 전적인 신뢰를 보여 주었다. 그러나 최근에는 기부자들이 과연 각 단체들이 효과적으로 제대로 된 활동을 수행하는지 직간접적으로 평가하기 시작했다. 자신이 기부 의사와 능력을 가지고 있다 하더라도 선별적인 영역에 선택적인 기부를 하는 경향으로 변화하고 있다.

단체의 활동에 확실하고도 지속적인 기부 가능성을 판단하지 않고 무모할 정도로 수혜자 시장만 바라보고 일을 시작하는 경우, 오래가지 못해 큰 어려움에 봉착하며 내부 구성원에게 또 다른 어려움을 가중시켜 줄 가능성이 높다.

따라서 각 단체는 교회와 교인을 기부자로서 냉철하게 탐색하고 분석하며 교계 외 다양한 기부자 시장을 개발하는 데도 노력을 경주해야 한다.

에스라서를 살펴보면 우선 고레스왕 스스로가 하나의 기부자가 되는 장면을 볼 수 있다. 고레스왕이 BC 539년에 바벨론을 정복하고, 식민지 백성에 대한 유화정책의 하나로 이스라엘 성전의 재건을 지시하는 과정에서 이와 같은 '기부'가 일어난다. 고레스왕은 옛날 느부갓네살 왕이 침탈해 간 성전 그릇을 되돌려 줌으로써 상징적 대의의 달성을 가시적으로 확인할 수 있는 '현물'을 제공한다. 일종의 정부 지원금은 하나의 큰 재원이 된다.

> 고레스왕이 또 여호와의 전 기명을 꺼내니 옛적에 느부갓네살이 예루살렘에서 옮겨다가 자기 신들의 당에 두었던 것이라 바사 왕 고레스가 고지기 미드르닷을 명하여 그 그릇을 꺼내어 계수해서 유다 목백 세스바살에게 붙이니(스 1:7-8).

아닥사스다 왕 역시 귀국하는 에스라 일행에게 모금의 근거를 마련해 주고, 이 왕의 조서를 활용해서 총독들로부터 일정의 도움을 얻어내는 것을 성경을 통해 확인할 수 있다.

또 네가 바벨론 온 도에서 얻을 모든 은금과 및 백성과 제사장들이 예루살렘 그 하나님의 성전을 위하여 즐거이 드릴 예물을 가져다가 그 돈으로 수송아지와 수양과 어린 양과 그 소제와 그 전제의 물품을 신속히 사서 예루살렘 네 하나님의 전 단위에 드리고 그 나머지 은금은 너와 너의 형제가 선히 여기는 일에 너희 하나님의 뜻을 좇아 쓸지며 … 무리가 또 왕의 조서를 왕의 관원과 유브라데 강 서편 총독들에게 부치매 저희가 백성과 하나님의 성전을 도왔느니라(스 7:16-18, 8:36).

이와 같은 왕들의 모범적 기부에 따라 이스라엘 백성 역시 후원에 동참한다. 왕의 조서에 따라 이스라엘 백성이 자신의 각종 예물을 성전 재건을 위해 기쁜 마음으로 드리는 것을 볼 수 있다. 이는 수혜자 또는 교인과 일반 대중이 유력한 재원이 될 수 있음을 보여 주는 것이다.

무릇 그 남아 있는 백성이 어느 곳에 우거하였든지 그곳 사람들이 마땅히 은과 금과 기타 물건과 짐승으로 도와 주고 그 외에도 예루살렘 하나님의 전을 위하여 예물을 즐거이 드릴찌니라 하였더라 이에 유다와 베냐민 족장들과 제사장들과 레위사람들과 무릇 그 마음이 하나님께 감동을 받고 올라가서 예루살렘 여호와의 성전을 건축코자 하는 자가 다 일어나니 그

사면 사람들이 은그릇과 황금과 기타 물건과 짐승과 보물로 돕고 그 외에도 예물을 즐거이 드렸더라(스 1:4-6).

이와 같은 기부 양상은 이스라엘 백성이 애굽에서 나오던 때도 유사하게 나타나는 데 이 때에 이스라엘 백성이 아닌 애굽 백성이 기부자였다. 430년 만에 애굽에서 급하게 쫓겨나는 듯이 나오는 이스라엘 백성들은 애굽 백성들로부터 거의 빼앗는 바와 다름없이 그들의 은금과 패물, 의복을 취하여 가지고 나온다.

이스라엘 자손이 모세의 말대로 하여 애굽 사람에게 은금 패물과 의복을 구하매 여호와께서 애굽 사람으로 이스라엘 백성에게 은혜를 입히게 하사 그들이 구하는 대로 주게 하시므로 그들이 애굽 사람의 물품을 취하였더라(출 12:35-36).

기부자 시장에 대해 한 가지 주목해 볼 것은 하나님의 역사를 이루어가는 과정에서 단순하게 이스라엘 백성의 재물만 사용한 게 아니라는 점이다. 에스라가 귀환할 당시 분명 강 건너편 총독들과 그들의 백성이 참여했으며,

출애굽 시에 애굽 사람들이 이스라엘 백성에게 물품을 제공했다는 점이다.

이에 성경은 이 현상을 비신앙적이라든가 이방인과 타협했다는 평가를 내리고 있지는 않다. 반대로 이 일에 하나님이 개입하셨다고(은혜를 입게 하셨다고) 기록하고 있다. 그렇다면 기독교인이 수혜자 시장의 문제를 해결하기 위해 비영리 단체를 조직하고 활동을 추진할 때 그 재정적 원천을 반드시 기독교인에 한정할 필요는 없다. 하나님을 두려워하고 해결되어야 할 사회적 문제에 동의하는 사람이거나 불가피하게 그러한 상황에 처한 경우라면 이들의 재물을 받아 사용할 수 있는 개방적이고 유연한 태도를 취해야 한다.

기독교적인 관점에서 본다면 두 가지 시장 중에서 수혜자 시장이 우선하는 것은 분명하다. 그렇지만 기부자 시장을 전혀 고려하거나 준비하지 않고 비영리 영역에 진입하는 것은 무책임한 행동이다. 이 무모한 행동으로 오히려 더 훌륭한 방법으로 수혜자 시장의 필요를 더 잘 충족할 수 있는 사람이나 단체의 활동을 저해하는 결과를 가져올 수도 있다. 기독교 비영리 활동에 대한 이미지 실추가 기독교의 사회성 자체 이미지 실추로 이어질 가능성까지 고려한다면 매우 신중한 판단이 필요하다.

#### ● ● ● ● 비영리의 기술

조직의 관점에서 기술이라 함은 일련의 투입 요소를 결과물로 바꾸는 일체의 행동이나 노하우 등을 의미한다. 광범위하게 볼 때 설비나 시설 등을 포함하기도 한다. 구체적으로 비영리 단체가 각종 사업과 모금 활동을 펼칠 적에 사업과 수혜 대상, 서비스 내용을 선정하고 서비스를 만들어 내는 기법과 노하우, 이들과 관련된 해당 조직만의 특별한 지식이나 조직문화 등을 모두 기술에 포함할 수 있다.

비영리 단체로 활동하는 것은 기업의 활동과 차이가 있어서, 특허라든가 최첨단 기술(예를 들면 Bio Technology와 같은 6T)과 같은 것을 크게 필요로 하지는 않는다. 물론 홈페이지나 회원 관리, 수혜자 사례 관리 등에 정보통신 기술을 활용한다든가, 의료보건분야의 치료와 예방을 위해 전문적인 제약이나 의료 기술과 제품을 사용하기는 한다. 하지만 이러한 기술을 개발해야 한다든가 하는 것을 목적으로 하는 경우가 드물기 때문에 비영리 단체가 첨단 기술의 최전선에 위치할 필요성은 그리 크지 않다. 다만, 이러한 기술들에 대한 전문적 지식은 가지고 있지 않다 하더라도 업무상 필요를 대비하여 이들 기술에 대한 이해는 충분해야 하며, 그 가치와 활용성 등도 잘 알고 있어야 한다.

비영리 단체에게 더 중요한 기술은 눈에 보이는 하드웨어보다 눈에 보이지 않는 소프트웨어라고 할 수 있다. 강력한 미션 의식과 구성원의 몸에 체화된 암묵지, 정신적 교화, 조직의 강력한 문화, 모금 기술과 후원자 개발 능력, 수혜자의 필요와 이를 충족할 방법을 찾아내는 전략적 혜안과 실행 능력, 우수한 파트너를 선정하고 협력하며 관리하는 능력 등등이 오히려 하드웨어적인 기술보다 더 중요하다고 할 수 있다.

### 사랑과 정의

기독교 비영리 단체의 경우 가장 강력한 기술은 바로 사랑과 정의 그리고 구제에 대한 하나님의 모범이라 할 수 있다.

독생자이신 예수 그리스도를 통해 보여 주신 하나님의 무한한 사랑과 모범은 사랑을 전하고 실천하는 비영리 단체의 근본적 토대인 동시에 동인이며 핵심 기술이다. 물론 일반 비영리 단체에서도 '사랑'이라는 요소를 그 밑바탕에 두고 있기는 하지만 기독교 비영리 단체에게 '사랑'은 반드시 필요한 핵심 요체일 것이다.

두 번째 강력한 기술은 하나님의 정의로움이다. 하나님은 그 속성상 불의를 용납하지 않는 분이시다. 참고 기다리시며 불의를 하나님의 사랑과 정의를 세우는 수단으로 사용하시기는 하지만, 그 자체가 하나님 앞에서 용납되는 것은 아니다.

다음으로 구제와 자선에 대한 하나님의 관심과 실천을 들 수 있다. 나아가 이 구제는 사랑과 정의가 실제로 실천된 것으로 볼 수 있다. 야고보서에서는 믿음의 실제적 행

위로 구제의 중요함을 역설하고 있다(약 2:14-17). 형제의 헐
벗음이나 굶주림에 아무런 행동을 취하지 않고 말로만 해
결하려는 것은 생명력 없는 죽은 것이라 지적하고 있다.
그런데 이는 믿음의 소유자로서 기독교 비영리 사업을 추
진하고 단체를 운영하는 데에 구제와 자선이 필수적인 덕
목임을 이야기하는 것이라 할 수 있다.

기독교 비영리 단체에게 가장 근본이며, 다른 모든 기
술과 행동의 근원이 되는 것은 바로 이 세 가지, 하나님의
사랑과 정의 그리고 구제인 것이다. 따라서 기독교 비영
리 단체는 하나님의 사랑을 실천으로 보여 주는 것, 하나
님의 정의를 이 땅에 세우는 것, 그리고 세상에서 고아와
과부와 같은 자들에게 구제를 행하는 것으로 구체적인 통
로의 역할을 한다.

### 성경적 세계관

최근 기독교 비영리 단체의 활동에 정당성과 적극성을
부여해 준 일이 하나 있다면 그것은 바로 '성경적 세계관'
이다. 1980년대부터 한국의 젊은 기독교인을 통해 유입,

확산되기 시작한 기독교 세계관 운동은 다양한 영역에서 기독교적인 개입과 변혁 활동을 정당화하고 그 토대를 마련하는 계기가 되었다.

바사 왕 고레스도 비록 왜곡된 시각을 가지고 있기는 하지만 모든 세상의 주관자로서 여호와의 존재를 인정하고 있다. 고레스의 조서에 포함된 이 내용은 현 시대의 성경적 세계관에 입각한 고백이라고 단정해서 말할 수는 없다. 하지만 '세상 모든 영역의 주인이시며 주관자'이신 여호와를 인정한다는 점에는 주목할 필요가 있다.

> 바사 왕 고레스는 말하노니 하늘의 신 여호와께서 세상 만국으로 내게 주셨고 나를 명하사 유다 예루살렘에 전을 건축하라 하셨나니(스 1:2).

세상의 모든 영역에 대해 창조-구속-타락이라는 관점을 적용하여 창조 세계의 모든 보이는 것과 보이지 않는 것이 모두 타락하였고, 이것들은 예수 그리스도의 이름으로 구속받아야 한다는 것을 기본 전제로 하는 '성경적 세계관'은 이 세상에 존재하고 있는 모든 비영리 단체 특히,

기독교 비영리 단체에게 그 존재와 활동의 정당성을 부여해 주는 동시에 그 방법의 틀까지도 제공한 것이다.

성경적 세계관의 핵심을 구성하는 것의 하나가 바로 성스러운 것과 세속적인 것을 구분하는 이원론에 대한 경계이다. 이 이원론을 극복하는 것은 비영리 단체가 활동하는 모든 영역에 하나님의 주권을 온전히 인정하는 것이다. 부도덕하고 불의하며 악한 세상에 등을 돌리고 무관심하기보다 빛과 소금의 역할을 제대로 수행하는 것을 의미한다. 이러한 특성으로 인해 강력한 성경적 세계관의 무장은 제대로 된 기독교 비영리 단체의 탄생과 활동의 토대를 제공한다.

또한 이 성경적 세계관은 성경과 성경에 나타난 하나님의 속성에 우리를 동화시켜야 하는 것과 아울러 자신이 속한 영역에서 전문성을 함양하고 일상생활과 업무에 적용이 가능한 체계와 노하우의 축적을 역설한다. 그 영역과 일상생활과 업무에는 구제와 복지, 결혼과 가정, 독신생활, 권위, 성생활 및 동성애 등은 물론 환경, 세계화, 경제와 토지, 교육, 인권, 정보화, 여가 등 삶의 모든 구체적인 것들이 포함될 수 있다. 각 영역에 적용될 전문 지식과 노하우, 또는 체계는 각기 독특성과 차별성이 있다. 때문에 각 영역에서 활동하는 단체와 그 구성원은 전문성과 실제 노하우를 가져야 한다.

더 나아가 이 전문성과 노하우 등이 성경에 나타난 하나님의 뜻에 얼마나 일치하는지, 반한다면 어떠한 방향으로 개혁되어야 하는지 등에 대해서도 심사숙고해야 한다. 아직까지 성경적 세계관이 각 영역에서 성경적 전문성을 기반으로 현실에 어떻게 적용되고 활용되어 열매 맺을 수 있는지, 그에 대한 구체적 합의와 결론에 이르지 못했다 하더라도 이 땅의 모든 영역에 기독교 비영리 단체가 개입할 수 있는 토대와 활동의 방향성을 제공했다는 점에서 그 기여도를 인정해야 한다.

그렇다면 여기에 더하여 실무적으로 무엇이 중요한 기술이 될 것인가? 위에서 지적한 사랑과 정의에 대한 민감함과 성경적 세계관 외에 전략과 전술, 세부 기법과 노하우가 실질적인 기술이라 할 수 있다.

**전략과 전술**

　기독교인들은 이른바 '전략'이라는 것에 대해 그리 궁
정적인 반응을 보이지는 않는다. 세상 만물과 행사는 하
나님의 섭리 속에 하나님의 개입으로 운행되기 때문에 그
섭리에 인간이 참여하는 방법은 간절한 기도뿐이라고 여
기는 오해가 있다. 물론 세상에 기도 없이 이루어지는 일
은 없지만 그 못지않게 전략적 기획과 실행의 중요성을 성
경은 말씀하고 있다.

> 너희 중에 누가 망대를 세우고자 할찐대 자기의 가진 것이 준
> 공하기까지에 족할는지 먼저 앉아 그 비용을 예산하지 아니하
> 겠느냐 그렇게 아니하여 그 기초만 쌓고 능히 이루지 못하면
> 보는 자가 다 비웃어 가로되 이 사람이 역사를 시작하고 능히
> 이루지 못하였다 하리라 또 어느 임금이 다른 임금과 싸우러
> 갈 때에 먼저 앉아 일만으로서 저 이만을 가지고 오는 자를 대
> 적할 수 있을까 헤아리지 아니하겠느냐 만일 못할 터이면 저
> 가 아직 멀리 있을 동안에 사신을 보내어 화친을 청할찌니라
> (눅 14:28-32).

　위에 인용한 누가복음 14장의 말씀에는 전략적 요인

을 모두 포함하고 있다. 비전과 목표의 설정(망대를 세우는 것, 다른 임금과 싸우는 것)과 이의 실현을 위한 자원과 능력의 평가(자기의 가진 것, 일만), 경쟁자 평가(적군 이만 명), 평가와 계획(족할지 않아 비용을 예산, 대적할 수 있을까 헤아림), 실행 방안(화친) 등에 전략의 수립과 집행의 거의 모든 내용을 포함하고 있다.

비영리 단체는 영리조직인 기업 못지않게 주도면밀한 전략 계획이 있어야 하며, 그 실행 능력을 구비해야만 한다. 이는 기독교 비영리 단체에게도 동일하다. 기독교 비영리 단체가 이런 전략 계획과 실행 능력을 구비하지 못한다면 그 실패는 세상으로부터 비웃음과 조롱거리가 되고 말 것이다.

느헤미야와 이스라엘 백성은 하나님의 말씀을 받고 왕의 허락을 얻어 성벽 재건 공사였지만, 이스라엘 백성에게 여전히 주변 이방 민족의 태도가 여간 위협이 되는 것이 아니었다.

산발랏과 도비야와 아라비아 사람들과 암몬 사람들과 아스돗 사람들이 예루살렘 성이 중수되어 그 퇴락한 곳이 수보되어 간다 함을 듣고 심히 분하여 다 함께 꾀하기를 예루살렘으로 가서 치고 그 곳을 요란하게 하자 하기로 … 우리의 대적은 이르기를 저희가 알지 못하고 보지 못하는 사이에 우리가 저희 중에 달려 들어가서 살육하여 역사를 그치게 하리라 하고 (느 4:7-8, 11).

이러한 위협에 직면한 이스라엘 지도자들과 백성은 좌절하기도 하지만 매우 전술적인 모습을 보여주고 있다. 이들은 이방 민족의 위협에 대비하는 방법으로 '앉아서 기도' 만 하는 방법을 취하지 않았음을 분명히 볼 수 있다. 한편으로 성벽 재건의 역사를 더 강력하게 추진하는 동시에 다른 대응책으로 군사적 방비를 강화하는 것을 볼 수 있다.

우리가 우리 하나님께 기도하며 저희로 인하여 파숫꾼을 두어 주야로 방비하는데 유다 사람들은 이르기를 흙 무더기가 아직 도 많거늘 담부하는 자의 힘이 쇠하였으니 우리가 성을 건축 하지 못하리라 하고 … 내가 성 뒤 낮고 넓은 곳에 백성으로 그 종족을 따라 칼과 창과 활을 가지고 서게 하고 내가 돌아본 후에 일어나서 귀인들과 민장과 남은 백성에게 말하기를 너희는 저희를 두려워 말고 지극히 크시고 두려우신 주를 기억하고 너희 형제와 자녀와 아내와 집을 위하여 싸우라 하였느니라 … 그 때로부터 내 종자의 절반은 역사하고 절반은 갑옷을 입고 창과 방패와 활을 가졌고 민장은 유다 온 족속의 뒤에 있었으며 성을 건축하는 자와 담부하는 자는 다 각각 한 손으로 일을 하며 한 손에는 병기를 잡았는데 건축하는 자는 각각 허리에 칼을 차고 건축하며 나팔 부는 자는 내 곁에 섰었느니라 (느 4:9-10, 13-14, 16-18).

이렇게 대비한 결과 하나님께서 방해와 위협을 일삼는 자들의 꾀를 폐하셨다. 이스라엘 백성의 전술적 대비에 하나님이 이방 민족의 훼방하는 꾀를 폐하셨다는 것이다. 물론 이와 같은 이스라엘 백성의 행동에 대해 믿음이 적다고 결코 비방하지 않는다.

우리의 대적이 자기의 뜻을 우리가 알았다 함을 들으니라 하나님이 저희의 꾀를 폐하셨으므로 우리가 다 성에 돌아와서 각각 역사하였는데(느 4:15).

이 과정을 볼 때 기독교 비영리 단체들은 기도를 빌미로 무계획적이고 비전략적인 행위를 보이는 것이 가장 성경적이고 바람직한 방법이라고만 말할 수 없음을 알 수 있다. 일과 조직, 사람을 지키고 우리의 미션을 달성하기 위해 취할 수 있는 다양한 전략과 전술이 분명하게 존재한다. 이를 효과적으로 활용하는 것이 비성경적인 것이 아니라는 점을 알아야 한다.

성경적 세계관과 느헤미야서의 경우를 토대로 우리는 우리에게 주어진 하나님의 말씀을 구현하기 위해 가장 적합한 기술을 확보하고 활용하는 것이 필요하다. 현실적으로  각종 비영리사업을 추진함에 있어 다른 단체에 비해 훨씬 뒤처진 기술을 사용한다면 이는 하나님께서 허락하신 자원의 낭비이다. 뿐만 아니라, 수혜자에게도 질적·양적으로 낮은 서비스를 제공할 수밖에 없다. 그렇게 된다면 유사한 서비스를 제공하는 다른 단체와의 경쟁력에서 뒤지게 되고 비영리 단체로서 가치와 의미를 점점 상실하게 된다.

### 기법(Skill)과 노하우(know-how)

에스라와 느헤미야를 통해 나타나는 성전과 성벽의 재건에서 특별한 기술적 요인은 발견되지 않는다. 성벽들의 건축을 위한 다른 특별한 기법이나 장비를 사용한 것도 아닌 듯하며 오히려 더 전통적인 방법을 사용한 게 아닌가 추측되기도 한다. 더 나아가 이스라엘 백성들은 자신에게 필요한 기술을 오히려 이방 민족으로부터 사 들이기도 한다.

이러한 점을 생각해 볼 때 기독교 비영리 단체들이 현장에서 사용할 노하우나 기법은 기독교만의 독특한 것이 아니어도 무방함을 알 수 있다. 다만 그 방법이 하나님의 원리와 가르침에 얼마나 위배되거나 반하는 것인지를 판단하여 선별적으로 수용하는 지혜와 노하우는 필요하다.

비영리의 기술에도 두 가지를 고려해야 하는데 그 하나는 수혜자 시장을 대상으로 적용되는 기술이고 다른 하나는 기부자 시장에 적용되는 기술이다. 양 기술 간에는 일련의 공통점도 있지만 상당한 차이점도 존재한다. 이는 비영리 단체에서 사업을 수행하는 기술과 모금하는 기술이 서로 다르다는 것을 의미한다.

　위와 같은 측면을 고려한다면 기독교 비영리 단체에 근무하는 사람들은 해당 분야에서 사용되는 각종 기법과 노하우에 높은 전문성을 지녀야 한다. 하나님으로부터 부여받은 시장에 대한 철저한 책임감(미션 의식)과 하나님의 속성(사랑, 정의, 자비, 채우심)에 대한 충분한 이해와 체화는 물론, 이를 현장에서 구체적으로 구현하는 기술에서도 비기독교인 전문가 못지않은 전문성을 구비해야 한다. 아니면 최소한 그 전문성을 식별하고 결합하여 활용하는 능력을 보유해야만 한다.

●●●●●여건의 변화와 성숙

　　　　　　시장이나 기술과 관련하여 살펴볼 마지막 사항은 수혜자나 기부자를 둘러싼 여건의 변화와 성숙이다. 비영리의 관점에서 보면 수혜자와 기부자 시장에 영향을 미치는 다양한 요인이 존재하며 이 요인들의 특성이 변함으로써 해당 시장의 판도에 영향을 미치게 된다. 예를 들어 에스라서나 출애굽기에 나타나는 왕국이 나 왕의 교체를 들 수 있다.

전술한 대로 고레스 왕은 바벨론을 정복하고, 바사왕 국을 새로이 건국한 원년에(스 1:1) 식민지 백성에 대한 유 화정책의 하나로 이스라엘 성전의 재건을 지시한다. 성전 과 성벽의 훼손은 이미 오래 전 사건이고 이스라엘 백성은 여전히 노예 상태의 상황에서 지배국과 왕권의 변화는 새 로운 식민지 정책을 필요로 하게 됐다. 이것이 '예루살렘 성전과 성벽의 회복'이라는 이스라엘 비영리가 탄생하는 데 촉진제 역할을 한다.

출애굽의 경우에도 유사하다. 모세를 알던 바로가 죽 고 모세의 전과를 모르는 새로운 바로가 등장하여 애굽을 지배하게 되고, 모세의 활동에 비교적 운신의 폭이 넓어 진다.

> 여러 해 후에 애굽 왕은 죽었고 이스라엘 자손은 고된 노동으 로 말미암아 탄식하며 부르짖으니 그 고된 노동으로 말미암아 부르짖는 소리가 하나님께 상달된지라(출 2:23).

광범위하게 적용한다면 새로운 시장이나 기술의 등장이나 동향 변화가 모든 여건 변화에 포함될 수 있다. 하지만 시장과 기술을 구분해 놓고 볼 때, 시장의 절실성이나 기술의 적절성 등에 영향을 미치는 다양한 요인이 있다. 그러므로 이들을 모니터하고 그 영향력의 방향과 정도를 지속적으로 가늠하는 것도 비영리 단체의 창립에 중요한 업무 중 하나라 할 수 있다.

# 3장_ 비영리 조직의 탄생

## ● 사례 _ 'ㅂ공동체'의 앞길

'ㅂ 공동체'는 우리나라에서 가장 영향력 있는 재소자 선교단체 중의 하나이다. 이 공동체 회원(교정위원)들은 공식적인 교단에서 운영하는 단체보다 더 큰 변화와 선교의 열매를 맺어 왔다고 자부하고 있다.

ㅂ공동체는 20여 년 전 형님의 뒤를 이어 재소자를 위한 선교와 그들의 구원에 부르심을 받은 김 모 목사님의 헌신에서 시작되었다. 열정적인 김목사님의 선교 활동에 뜻을 같이 한 여러 회원들이 함께하면서 방문하는 교도소의 수가 점점 늘어났고 교정과 선교의 질적 향상도 이루어졌다. 왕성하게 활동하던 시절에는 회원의 수가 40여 명에 이르기도 했다.

공동체는 단순히 재소하는 동안에만 관심과 사랑을 보이는 것이 아니라 복역을 마치고 출소한 사람들을 위해 농업공동체를 결성하여 지방에서 버섯농장을 운영하기도 했다. 사회 적응에 어려움을 겪는 출소자들의 현실적 필요인 경제적 문제 해결과 소속 집단의 결성 등이 그 목적이었다.

몇 년 전부터 창립자이신 김 목사님이 암에 걸린 게 오히려 좋은 계기(?)가 되어 사형수들의 회심을 이끌어내어 예수 그리스도의 품으로 돌아오게 하는 탁월한 열매도 맺게 되었다. 암에 걸려 말 그대로 '사형선고'를 받은 같은 입장에서 전하는 구원의 메시지가 사형수들의 가슴 속 깊이 와닿았기 때문이다.

목사님의 이러한 헌신과 열매를 보면서 동역하는 교정위원들도 개인적 열정으로 재소자 선교에 헌신하였고 그 결과 가장 영향력 있는 재소자 선교단체로 인정받기에 이르렀다.

그러나 늘어나는 사업의 규모와 열매에도 불구하고 전체적으로 사업과 공동체를 조정하는 조직적 기능은 지금까지도 매우 취약한 상황에 있다.

총무 간사가 있기는 하나 교정위원 간의 연락을 중간에서 매개하는 정도의 역할만을 수행할 뿐 전반적인 교정이나 선교에 대한 방향성과 공동체의 방향성을 정립하기에는 역부족이다. 재소자와 출소자의 선교 전략을 강구한다거나, 그들의 삶을 안정시키기 위한 새로운 방법론이나 기술을 개발한다거나, 효과적인 교정활동과 선교 활동을 위한 재정 동원 방법을 강구하고 실행한다거나 하는 역할은 거의 수행하지 못하였다. 이를 위한 적절한 투자나 다른 단체나 조직과의 적극적인 협력체계를 구축하지 못한 것은 물론이다.

그 결과 교정위원들은 개인 사재를 털어 교정활동과 선교를 위한 비용을 충당해야 했고, 정보를 교환하고 함께 기도하는 상호 교류 또한 비공식적인 모임을 통해서였다.

좋은 의도와 목적으로 시작했던 농업공동체도 농업에 대한 이해와 경험의 부족, 경제적 이윤의 창출 미흡, 공동체로서의 체계 부족 등으로 결실을 맺지 못하고 활동을 접고 말았다.

이런 와중에서 김 목사님이 2004년에 하나님의 부르심을 받은 지금 (2005년 현재), 일부 교정위원은 다른 사역을 찾아가는 등 흔들리고 있으며 어떻게 사역의 지속성을 유지할 것인지 그 방향을 찾기도 힘든 상황이다.

*자료:ㅂ 공동체 소속 교정위원으로 사역하신 목사님과의 인터뷰를 정리

ㅂ 공동체는 김 목사님이 받으신 말씀을 바탕으로 재소자(수혜자 시장)를 대상으로 설교와 상담, 삶의 공유, 공동체 형성 등의 방법(기술)을 이용해 훌륭한 비영리 단체로 탄생하였다. 김 목사님의 뜻에 동의한 많은 목회자와 교인들이 공동체의 교정위원으로 합류했고, 그 결과 규모가 커졌고 교정활동의 양과 질도 향상을 이루어 많은 열매를 맺게 되었다.

비영리 단체의 탄생과 정착에 시장과 기술은 기본적으로 필요한 요건을 제공하지만 그것만으로는 비영리 단체가 유지되고 조직화되는 데 충분하지 않다. 시장과 기술이 충분한 의미와 가치를 발휘하기 위해서는 이들을 창의적으로 결합할 수 있는 창립자가 반드시 있어야 한다.


● ● 비영리 창립자


비영리 단체가 설립되기 위한 세 번째 요건이자 가장 중요한 요인은 바로 시장과 기술을 창의적으로 결합하는 창립자이다. 이들 창립자는 수혜자 시장을 하나님의 사랑과 정의로 바라보며 자원 동원을 위한 기부자 시장에 영향력을 행사하고, 적용 가능한 전략과 전술, 노하우를 활용하여 비영리 단체를 창립하게 된다.

지금까지 창립되어 왕성하게 활동 중인 대부분의 비영리 단체를 살펴보면 이 '창립자' 요인은 시장이나 기술적 요인보다 더 중요한 것으로 보인다. 이들은 누구나 볼 수 있는 사회적 대의에 남다른 소명의식을 가지고 있다. 자신의 희생과 봉사, 헌신이라는 가장 강력한 기술로 대의를 충족해 나가는 동시에 더 나은 기술을 적용하거나 확대하려고 노력한다. 동일한 자원과 기술을 사용해서 더 많은 유익이 수혜자에게 돌아가게 하려고 노력한다. 결국 시장의 필요와 기술을 적절히 통합하는 창립자가 존재해야만 나머지 두 요인은 의미를 가진다.

**말씀 받기**

에스라서나 출애굽기를 보면 이스라엘이 출애굽을 하거나 성전과 성벽을 건축함에 있어 걸출한 지도자들이 여럿 등장한다. 모세, 스룹바벨, 에스라, 느헤미야, 스가랴 등등이다. 이들은 430년간 애굽에서 노예 생활을 하던 이스라엘 백성을 이끌어내 하나님께서 약속하신 가나안 땅까지 인도하였으며, 70년간 무너져 있던 성전과 성벽을 재건하는 데 앞장선 사람들이다.

이들이 이러한 사역에 과감히 나설 수 있었던 근본적인 이유는 앞서 살펴 본 바와 같이 단순히 이스라엘 백성이 애굽의 노예 상태에 처해 있다거나, 성전과 성벽이 소실되었다는 이유 때문만은 아니다. 또한 자신이 광야 생활의 전문가였다거나 성전과 성벽 건축에 대한 전문성을 갖추었기 때문도 아니다.

이들이 과감하게 나설 수 있었던 근본 동인은 본질적 대의를 해결하기 위해 하나님의 말씀을 받은 것이다. 이것은 시장과 기술의 창의적 결합의 토대가 된다. 에스라서나 출애굽기를 살펴볼 때 양 사건이 일어나기 전에 우선 하나님의 말씀이 우선하여 나오는 것을 동일하게 찾아볼 수 있다.

바사 왕 고레스 원년에 여호와께서 예레미야의 입으로 하신 말씀을 응하게 하시려고 바사 왕 고레스의 마음을 감동시키시매 저가 온 나라에 공포도 하고 조서도 내려 가로되(스 1:1).

이스라엘 백성으로 예루살렘으로 돌아가 성전을 복구하라는 조서는 고레스가 내리지만 그의 마음을 감동하여 말씀을 응하게 하신 이는 여호와이시다. 이와 같이 말씀이 응하는 것을 에스라서는 지속적으로 강조하고 있다.

이에 유다와 베냐민 족장들과 제사장들과 레위 사람들과 무릇 그 마음이 하나님께 감동을 받고 올라가서 예루살렘 여호와의 전을 건축코자 하는 자가 다 일어나니(스 1:5).

바사 왕 고레스 원년에 여호와께서 예레미야의 입으로 하신 말씀을 응하게 하시려고 바사 왕 고레스의 마음을 감동시키시매 저가 온 나라에 공포도 조서도 내려 가로되(대하 36:22).

그런데 문제는 수혜자 시장, 다시 말해 눈에 보이는 상징적 대의가 있다고 해서 이것을 바로 말씀을 받은 것으로 오해하는 경우가 자주 발생한다는 것이다. 오염되는 환경, 굶주리는 아동과 노인, 현대 의술로는 고치기 어려운 난치병 환자, 교육과 보호의 사각지대에 놓인 청소년, 인권과 기본적 생활권이 무시되는 장애인 등을 보면 바로 그것이 자신이 받은 말씀이라고 착각하는 창립자들이 종종 있다.

그러나 이러한 것들은 앞서도 지적한 바 있는 '늘 있는 상징적 대의'(눅 14)이지 곧바로 말씀이 응한 게 아니라는 것을 기억해야 한다. 이 점에 에스라서와 출애굽기는 분명한 예시를 보여 주고 있다.

에스라가 고레스왕의 조서를 받아 예루살렘으로 귀환하는 시점은 이스라엘 백성이 바벨론으로 끌려간 지 무려 70년이나 지난 때였다. 훼손되어 황량해진 예루살렘의 성전과 성벽은 오랫 동안 이스라엘 백성의 마음을 아프게 했으며(스 3:12), 하나님 앞에서 큰 짐이 되어 왔다(느 1:4-5).

스룹바벨이나 에스라가 부르심을 받기 아주 오래 전부터 이스라엘 백성들에게는 반드시 하나님의 이름으로 해결되어야 하는 숙제가 안겨져 있었다. 그들에게 그 과제는 늘 눈에 보이는 것인 동시에 생활이었고, 바벨론 강가에서 그리워하던 것들이었다.

애굽에서 노예 생활은 더욱더 심했다. 약 430년간 이스라엘 백성은 애굽에 거하면서 대부분의 세월을 노예로 지냈다. 모세가 민족 구원의 어설픈 꿈을 품었던 40세 시절로부터도 40년의 세월이 지나서야 모세가 하나님의 말씀을 받은 것이다.

그럼 왜 하나님은 그리 오랜 동안 그 문제에 침묵하거나 무관심하셨는가? 이렇게 무관심하신 하나님의 모습을, 우리는 과연 매우 심각한 사회 문제에 대해 침묵하시는 하나님으로 이해해야 하는가?

이에 대한 답은 사회적 문제를 일으키는 자들도 하나님의 도구로서 사용된다는 점과 문제 해결에 대한 하나님의 시기를 기다려야 한다는 점을 이해해야 한다. 인내하시는 하나님의 모습을 다양한 사회적 대의에도 동일하게 적용해야 한다.

그럼에도 불구하고 말씀을 안 받거나 말씀에 거슬려

섣불리 덤비는 것은 100% 실패를 가져 본다. 우리는 가데스 바네아 사건 이후 이방 민족을 치러 올라가는 이스라엘 백성에게서 그런 경우를 볼 수 있다.

> 모세가 이 말로 이스라엘 모든 자손에게 고하매 백성이 크게 슬퍼하여 아침에 일찍이 일어나 산 꼭대기로 올라가며 이르되 보소서 우리가 여기 있나이다 우리가 여호와의 허락하신 곳으로 올라 가리니 우리가 범죄하였음이니이다 모세가 가로되 너희가 어찌하여 이제 여호와의 명령을 범하느냐 이 일이 형통치 못하리라 여호와께서 너희 중에 계시지 아니하니 올라가지 말라 너희의 대적 앞에서 패할까 하노라 아말렉인과 가나안인이 너희 앞에 있으니 너희가 그 칼에 망하리라 너희가 여호와를 배반하였으니 여호와께서 너희와 함께하지 아니하시리라 하나 그들이 그래도 산꼭대기로 올라갔고 여호와의 언약궤와 모세는 진영을 떠나지 아니하였더라 아말렉인과 산간에 거주하는 가나안인이 내려와 쳐서 파하고 호르마까지 이르렀더라 (민 14:39~45).

가나안 정탐 이후 하나님의 징계를 받은 이스라엘 백성은 모세의 경고는 물론 하나님의 명령에도 불구하고 아멜렉과 가나안을 치기 위해 올라가지만 결과는 처참한 패

배였다. 이스라엘 백성의 최대 미션은 가나안 근동에 거주하는 이방인을 몰아내고 그곳에 정착하는 것이었다. 하나님 역시 그것에 대해 분명한 약속을 하셨음에도 불구하고 이방민족을 치려는 첫 번째 시도는 처참한 결과만을 가져온 것이다.

그 이유는 단순하다. 그 이유가 가나안 땅이 이스라엘에게 약속된 땅이 아니었다거나, 이방 민족을 몰아내는 일이 이스라엘의 미션이 아니라든가 하는 게 절대 아니었다. 그와 같은 대의는 분명 유효하고 중요한 것이었음에도 불구하고 이스라엘은 하나님의 말씀(명령)을 반대로 수행한 그것이 바로 원인이었다.

설령 말씀을 받았어도 실패하거나 심각한 어려움에 봉착하게 되고, 소기의 성과를 달성하는 데 아주 오랜 시간이 걸리기도 한다. 애굽에서 나온 이스라엘 백성은 불과 며칠이면 이동할 수 있는 광야길을 40년에 걸쳐서 이동해야 했으며, 성전을 재건하는 스룹바벨과 이스라엘 백성도 성전의 터를 놓은 후 19년 정도의 중단 기간을 거친 후에야 성전을 완공할 수 있었다. 그리고 성전의 재건이 다시 시작되는 것 역시 하나님의 말씀을 받고 난 후였다(스 5:1-2). 그 구체적인 내용은 학개에 자세히 기술되어 있는데, 그 말씀이 이스라엘 백성과 지도자들의 마음을 흥분시켰고 그 결과 성전 건축에 다시 나서게 된다(학 1:14).

### 창립자의 요건

비영리 창립을 위한 창립자 요인은 구체적으로 밝혀진 것이 아직 없다. 경영학을 비롯한 다양한 사회과학의 영역에서 '리더'의 요건과 특성 등에 수많은 연구가 이루어져 왔다. 다만 인정하는 것은 연구자의 수만큼 그 결과와 주장도 많다는 것이다. 특히 조직의 역사가 짧은 비영리 단체의 리더십이나 창립자에 대한 관찰이나 체계적인 연구는 찾아보기 힘든 게 현실이다.

그러나 성경에서 말하는 몇 가지 내용을 통해 비영리 창립자나 리더의 요건을 추론해 볼 수는 있다.

첫째, 객관적으로 나타나는 교육이나 경험 등의 요건만으로는 창립자 여부를 판단하기 어렵다. 이는 모세의 사례에서 잘 나타난다. 모세는 어려서 바로 공주의 아들로 입적되면서 애굽 왕실의 교육을 받고 자란다. 동시에 어린 시절 어머니로부터 히브리 교육을 받고 자란다. 그런 연유에서 그가 장성했을 때 자기 백성에 대한 애굽인의 박해에 울분을 토하게 된다.

그러나 하나님은 그렇게 훈련된 모세를 사용하지 않으신다. 그렇게 백성의 리더로 세움받을 만한 요건을 갖추었을 때가 아니라, 오히려 40년 목동 생활을 경험하고 하나님과 백성 앞에서 나약한 모습을 보이는 모세를 부르시는 것을 볼 수 있다(출 3, 4).

따라서 체계화된 공교육이나 신학교 교육을 이수한 사람만이 기독교 비영리 단체의 창립자가 될 수 있는 것은 아니다. 이 요건은 단지 부수적이고 추가적인 요인일 뿐 핵심 요인은 아닌 것이다.

둘째, 하나님의 말씀에 민감해야 한다. 성전을 재건하고 이스라엘의 개혁에 앞장선 에스라에 아닥사스다 왕은 '율법에 완전한 학사 겸 제사장'(스 7:6, 12)이라고 칭한다. 아닥사스다 왕조차도 이스라엘의 지도자가 될 수 있는 덕

목으로 이와 같은 것을 지목한다.

성전 재건 초기에 리더십을 발휘한 스룹바벨에게 하나님은 하나님이 하늘과 땅을 진동시키고 열국의 보좌를 엎는 그날에 '내가 너를 취하고 너로 인을 삼으리니 이는 내가 너를 택하였음이니라'(학 2:23)라고 말씀하고 계신다. 그리고 이들은 이와 같이 선지자들을 통해 임하시는 하나님의 말씀에 가장 우선 순위를 두고 그에 순종하는 모습을 보여준다.

셋째, 공적 권위나 대중으로부터 인정받을 수 있어야 한다. 앞서 이야기한 두 번째 요인은 누구나 그 필요성과 정당성을 인정하나 이 세 번째 요인은 무시하는 경향이 있다. 기독교 비영리 창립자나 운영 책임자의 많은 수가 하나님의 말씀을 받았으니 나에게 그 외 다른 것은 필요치 않다는 듯한 태도로 일과 사람을 대하는 경우가 있다. 그러나 이러한 태도는 비영리 창립자나 경영자로서 결코 바람직하지 않다.

이러한 완고함 때문에 오히려 하나님의 말씀이 제대로 확산되지 못하거나, 동역자를 상처를 입게 하거나, 결국에는 망대를 제대로 지어보지도 못하고 자기 입장만 고집하다가 전쟁에서 패하게(눅 14) 된다.

고레스 왕이 성전의 기명을 맡긴 세스바살(혹자는 이가 스룹바벨이라고 하는)은 유대의 목백이며, 에스라 역시 왕과 주요 신하로부터 인정받는 자였고 느헤미야도 역시 총독의 신분이었다. 이들은 비록 오랜 기일이 지난 후 성전 재건의 역사를 이루기는 했다. 하지만 역사를 시작하고 중단되었던 것을 다시 시작하여 완성에 이르는 데에 이방 왕들의 인정과 그 권한을 적절히 사용한 점을 결코 간과할 수 없다.

이처럼 기부자 시장이나 협력자 등으로 공적인 권위를 인정받지 못하는 사람은 조직의 리더로 나서거나 창립자로 나서는 것에 신중해야 한다. 이런 사람들이 온전한 하나님의 말씀을 받은 자라면 조직의 리더보다 선지자적인 삶을 사는 것은 더 적합할 수도 있다(이들은 조직이 아니라 개인으로 사역하는 경향이 높으므로). 만약 창립을 이루었다고 하면 조직의 공식적 리더 자리에 집착하지 말고 경영을 위한 리더십을 이양하는 것이 바람직하다.

### ●●● 조직으로 가는 길목

하나님의 말씀을 받은 창립자가 수혜자와 기부자 시장을 보고 이를 충족하는 적절한 기술을 적용하여 일련의 대의를 해결하고자 창의성을 발휘하고, 헌신하게 되면 하나의 비영리사업이 탄생한다. 이 과정에서 대부분의 경우 몇몇 사람이 더 모여 들고 역할을 분담하거나 모인 사람 간에 위계질서가 생겨나면서 이른바 조직이라는 실체가 탄생한다.

원래 조직이란 특정의 목적을 달성하기 위해 둘 이상의 사람이 모여 상호 작용하는 집단을 의미한다. 구체적으로 조직이론가 다프트(Daft)는 조직을 1) 공동의 목표가 있으며 2) 이를 달성하기 위해 의도적으로 정립한 구조에 따라 구성원들이 상호 작용하며 3) 경계를 가지고 4) 외부 환경에 적응하는 5) 인간의 사회적 집단이라 정의했다.

**사람 세우기**

이러한 조직의 정의와 특성에 따르면 창립된 비영리가

조직으로 발전하기 위해서는 일련의 목표(미션)에 동의하는 동역자가 가세하는 게 필수 요인이 된다. 그렇지 못한 경우에는 단기적인 행사나 이벤트 또는 개인의 희생이나 봉사의 차원에 머무른다. 이러한 행사나 봉사, 희생이 무의미한 것은 아니어서 그 자체로도 상당한 의미와 영향력을 발휘할 수 있으므로 이들의 가치는 충분히 인정해야 한다. 다만, 지속적인 영향력 창출이라는 관점에서 볼 때 조직으로서 일련의 체계를 갖추고 상호 작용하는 것은 어렵다. 이 단계로 진행함에 있어 가장 먼저 이루어지는 것 중의 하나가 바로 사람을 세우는 일이다.

에스라 2장 2절에 언급된 스룹바벨과 예수아, 느헤미야와 스라야, 르엘라야, 모르드개, 빌산, 미스발, 비그왜, 르훔, 바나아 등이 바로 귀환과 성전 재건의 미션을 달성하기 위해 모여든 주요 인물들이라 할 수 있다.

또 여호와의 부름을 받은 후 애굽으로 떠나기 전 모세가 변명에 가까운 호소로 동역자를 얻는 모습을 출애굽기 4장에서 볼 수 있다. 이적을 행하는 모세에게 입이 되어주는 아론과 같이 함으로써 출애굽의 미션을 위한 최초의 역할 분담과 조직화가 이루어지는 모습이다.

> 모세가 가로되 주여 보낼 만한 자를 보내소서 여호와께서 모세를 향하여 노를 발하시고 가라사대 레위 사람 네 형 아론이 있지 아니하뇨 그가 말 잘함을 내가 아노라 그가 너를 만나러 나오나니 그가 너를 볼 때에 그의 마음에 기쁨이 있을 것이라 너는 그에게 말하고 그 입에 할 말을 주라 내가 네 입과 그의 입에 함께 있어서 너의 행할 일을 가르치리라 그가 너를 대신하여 백성에게 말할 것이니 그는 네 입을 대신할 것이요 너는 그에게 하나님 같이 되리라 너는 이 지팡이를 손에 잡고 이것으로 이적을 행할지니라(출 4:13-17).

그러나 이 단계에서 비영리 단체 특히 기독교 비영리 단체는 적절한 인물을 탐색하여 동역자로 세우는 데 실패한다. 그렇게 되는 가장 큰 이유는 애초부터 사람을 세우고 구성원으로 같이하는 것에 대한 기준이나 원칙이 불분명하기 때문이다.

신앙심이 좋기 때문에, 주변의 지인이 추천해서, 아니면 단순한 업무만 처리하기 위해 사람을 선택하는 경우가 많다. 어떤 일을 위하여 어떠한 요건을 갖춘 사람이 필요하다든가 아니면 인재가 들어온 경우 어떠한 일을 새로이 개발한다든가 하는 계획이나 원칙을 세우고 적용하는 경우는 드물다.

그렇게 시간이 지나 사업과 기능이 확대되고 규모가 성장하거나 변화의 시점이 되면 적절한 인물이 없어 난감해하거나, 유능하고 헌신된 사람이 오랜 기간 같이 하지 못하고 조직에서 떠나가는 현상이 발생한다.

새로이 탄생한 비영리가 조직으로 발전하는 과정에서 사람을 세우는 기준의 중요성은 스룹바벨과 에스라의 경우에서 찾아볼 수 있다. 스룹바벨은 귀환하는 백성 중 제사장으로서 계보가 정확하지 않은 사람은 명쾌하게 제사장의 직분에서 제외시킨다. '웬만하면 그도 예수 믿는 사람이니 괜찮다'는 타협이나 임시방편이 적용되지 않는다.

> 이 사람들이 보계 중에서 자기 이름을 찾아도 얻지 못한 고로 저희를 부정하게 여겨 제사장의 직분을 행치 못하게 하고(스 2:62).

에스라 역시 동일한 기준을 지킨다. 아닥사스다왕의 조서를 받아 예루살렘으로 귀환하던 에스라는 같이 한 사람들의 무리 중에 제사장이 없음을 보고, 부족하더라도 어느 정도 자격을 갖춘 자를 급한 대로 세우는 것이 아니라 기준을 충족할 수 있는 사람을 다른 곳에서 데려오도록 한다.

> 내가 무리를 아하와로 흐르는 강가에 모으고 거기서 삼일 동안 장막에 유하며 백성과 제사장들을 살핀즉 그 중에 레위 자손이 한 사람도 없는지라 … 가시뱌 지방으로 보내어 그곳 족장 잇도에게 나아가게 하고 잇도와 그 형제 곧 가시뱌 지방에 거한 느디님 사람들에게 할 말을 일러 주고 우리 하나님의 성전을 위하여 수종들 자를 데리고 오라 하였더니(스 8:15, 17).

이런 조치가 사회적 편견이나 불평등으로 보여 질 수도 있다. 그러나 이런 조치는 직분(제사장)의 기준을 명확히 하여 조직의 원칙을 확립하고 권위를 세우기 위해 불가피한 일이다. 제사장을 세워야 하는가의 문제도 중요하지만 세움의 기준이 무엇인가 하는 것은 더욱 중요하다.

기독교 비영리 단체 창립의 경우 최고 책임자 외 상부

리더십(특히 이사회)을 구축함에 있어 무원칙적으로 인사를 영입하는 것은 중장기적 관점에서 장애요인이 될 소지가 크다. 미션을 달성함에 있어 실질적인 공헌과 기여를 하지 않으면서 자리를 차지하고 자원을 낭비하게 한다. 더 나아가 중요한 의사 결정이나 방향 전환 시에도 도움이 되지 않고 오히려 걸림돌이 되는 경우가 있다.

얼핏 생각하면 좋은 일을 하는데 뭐 그리 엄격한 기준을 요구하느냐 하겠지만, 뒤집어 생각하면 좋은 일을 해야 하기 때문에 더 엄격한 기준으로 사람을 확보하고 적절한 역할과 임무를 부여해야 하는 것이다.

### 조직의 탄생

그렇다면 이렇게 탄생한 초기 조직은 어떤 모양을 갖추고 어떠한 방식으로 운영되는 것일까? 조직학자인 민츠버그는 조직이 초창기 태동할 때에 두 가지 조직의 유형이 가능하다고 이야기한다. 하나는 단순구조이며 다른 하나는 응기응변구조인데 비영리 단체의 초기 조직형태로는 우선 단순구조의 특징을 살펴볼 필요가 있다.

단순구조란, 권한이 최고 경영층에 집중되며, 계층이 별로 발달하지 않은 상황이기 때문에 구성원의 상호 작용이 비공식적이며 유기적인 특징을 나타내며 조직의 규모가 비교적 작다. 최고 경영층에게 요구하는 것은 비전 제시지만, 조직과 관련된 모든 일에 일일이 개입하고 책임을 진다. 이 구조에서 조직을 운영하기 위한 계획과 통제 시스템이 거의 없는 경우가 많으며, 공식화된 행동양식이나 교육 훈련도 별로 갖추고 있지 않다.

출애굽하는 이스라엘 백성은 그 규모가 비록 방대했지만 모세와 아론을 중심으로 한 중앙집권적 구조로 모세가 모든 일에 관여하는 형태였다. 공식적인 의결 기구나 계획 및 통제 시스템이 거의 보이지 않고 내부 규율과 같은 것도 찾아보기 힘들다. 전형적인 단순구조이다.

성전 재건을 위해 예루살렘으로 떠나는 이스라엘 백성(조직이라기보다 일종의 무리에 가까운)의 경우에도 별 차이가 없다. 스룹바벨을 비롯한 몇몇 리더를 중심으로 아주 단순한 형태로 조직을 결성하여 예루살렘에 이른다. 오직 예루살렘으로의 귀환과 성전 재건이라는 미션만이 있을 뿐 특별한 계획이나 운영 시스템을 갖춘 것도 아니고, 행동양식과 문화의 일체감 형성을 위한 교화 과정도 별로 보이지 않는다.

비영리 단체가 탄생하는 실제 과정을 조직적 측면에서 살펴보면 임기응변구조를 취하는 경우도 많다. 임기응변구조란 특정의 제한된 목적을 제한된 기간 안에 달성하기 위해 서로 다른 분야의 전문가를 유기적으로 결합하여 운영되는 형태를 의미한다.

긴급 구호라든가 영화제작 등에 적합한 조직 구조인 것이다. 이 구조 역시 단순조직과 유사하게 행동을 공식화하는 정도가 낮고, 계획과 통제시스템이 느슨하다. 구성원의 관계가 아주 유기적인 특징을 지니는 한편 조직이 운영되는 권한은 최고 경영층보다 지원 스태프를 통한 전문성의 상호 조정과 합의 결과에 집중된다. 구성원의 훈련과 교화 수준이 높아야 하고, 전문성에 따른 분업체계가 형성된다는 점이 다르다. 실제로 특정 영역의 전문가들이 모여 비영리 단체를 창립할 경우 이 형태를 취할 가능성이 아주 높다.

이러한 단계를 퀸과 카메론은 창립단계로 구분했다. 이 단계의 특징은 조직 설립자가 직접 경영과 현장 운영에도 책임지는 경향과, 모든 노력을 창의적인 단일 사업에 집중해 생존을 도모하는 경향이 높다는 것이다. 조직은 경영주 한 사람을 중심으로 매우 비공식적으로 운영되어 구성원에 대한 보상과 통제는 경영주 개인의 직접 감독에 의존하고, 계획과 조정을 위한 공식적이고 체계적인 시스템을 갖추기는 매우 어렵다.

그러나 조직이 성장함에 따라 구성원의 수가 늘어나면서 관리의 문제가 발생하게 된다. 아주 창의적인 방식에 따라 사업을 일으킨 창립자에게 구성원 관리라는 요구가 증대한다. 구성원은 점점 독단적인 창립자의 관리 방식에 불만을 품거나 합리적인 개선을 요구하기도 한다.

창립자는 이러한 상황에 직면했을 때, 성장을 포기하고 단순조직의 형태로 남을 수도 있지만, 사업을 확장하여 성장하고자 한다면 조직 관리를 강화하는 조치를 취해야만 한다. 이 과정에 따라 조직은 성장의 단계로 넘어가게 된다.

### 비영리 조직을 설립할 때 저지르는 실수

하나의 좋은 생각이 비영리 조직으로 자리잡는 것은 쉬운 일이 아니다. 이는 기독 신앙의 여부나 국적에 상관없이 적용된다. 다음 내용은 미국에서 비영리 조직을 설립하고자 할 때 흔히 저지르는 10가지 실수를 웹 문서로 정리해 놓은 것이다.*

한국에서는 상황이 좀 다를 수 있지만 초창기 어려움을 겪는 비영리 조직이나 비영리 조직을 설립하고자 하는 사람들에게 많은 시사점을 제공하므로 신중하게 참고할 사항이다.

1) 빈약한 설립 연구조사 : 비록 창립 대의(cause)에 대한 열정이 아무리 강하더라도, 이 대의(문제)를 해결하기 위해 새로운 조직이 존재할 필요가 있는지 결정하는 것은

---

*이 내용은 'Ten Common Mistakes of a 501(c)(3) Nonprofit Start-Up'이란 제목으로 http://www.ngomanager.org에 게재된 것이다. (주)도움과나눔의 홈페이지(www.doumnet.net)에서 번역문을 볼 수 있다.

아주 중요하다. 조직으로서 장기간 지속할 수 있는 가치 있는 사업인가? 나보다 더 잘할 수 있거나, 현재 그 사업을 진행하고 있는 조직은 없는가? 협력할 수 있는 방법은 없는가 등에 철저한 조사가 필요하다.

2) 사업 계획의 부재 : 비영리 조직도 하나의 사업 (business)라는 것을 아는 데에는 많은 시간이 필요하지 않다. 사업에서 생존하기 위해서는 투자 자금은 물론, 초기 서비스와 그 비용도 준비해야 한다. 창립자는 이런 것을 포함하여 아주 실제적인 사업 계획을 가지고 있어야 한다.

3) 자선적 목적의 결여 : 아주 훌륭한 아이디어가 있다 하더라도, 그것이 자선적 명분(charitable cause)으로서 충분한 자격을 인정받을 수 있어야 한다. 비영리 조직이 된다는 것의 개념은 공공재(public goods)를 제공하는 것으로, 종교, 자선, 교육, 과학 또는 학술적 목적을 위해 조직화되는 것이다. 이러한 자선적 목적이 확실하지 않다면 비영리 조직으로서 가치가 떨어진다.

4) 등록의 실패 : 대부분의 경우 정부는 비영리 조직에게 등록을 요구한다. 어떤 사람들은 등록할 필요가 없다고

생각하거나, '비영리' 조직이므로 별 문제가 없을 것이라고 생각한다. 절대 잘못된 것이다. 비영리 조직으로 등록하는 것은 후원자나 모금위원회를 각종 사기나 부정행위로부터 보호해 주며, 자선사업 환경을 책임성 있게 유지하는 데 도움을 준다.

5) 합당한 기록 유지의 실패 : 사업을 하다 보면 비영리 조직은 사업 활동과 관련된 다양한 보고서나 제안서를 요구받는다. 이들을 논리적 구조로 정리해 놓지 않으면 적기에 대응하는 데 실패하고 책임성을 발휘할 수 없다. 기록과 보고서가 조직화되어 있지 않다면 설립 전에 미리 준비하고 갖추도록 해야 한다.

6) 자금 조달 계획의 부재 : 자금을 모으는 것은 대부분의 비영리 조직에게 힘들고 경쟁적인 요구 사항이다. 만약 당신의 과거 모금 경험이 만찬 참석, 골프 회동, 쿠키 판매나 세차 등이었다면, 모금을 위한 도움이 필요하다. 자금 조달 없이는 비영리 조직을 유지할 방법이 없다.

7) 정부 지원 자격을 갖추지 않음 : 대부분 비영리 단체는 정부가 요구하는 서류 양식을 갖추어야 하고, 정부가

비영리 조직에게 요구하는 것이 무엇인지 알아야 할 필요가 있다. 세제 혜택을 받는 비영리 조직이 됨으로써 많은 유익을 얻는 만큼 당신은 정부가 요청하는 것에 따라 보고할 의무가 따른다.

8) 요구 시간 판단 실패 : 비영리 조직을 운영하는 것은 취미로 하는 게 아니다. 만약 파트 타임으로 비영리 조직을 운영할 수 있다고 생각하면 그건 큰 오산이다. 자신 스스로 전체 시간을 다 쓰지 못한다면 다른 사람으로라도 그렇게 하도록 해야만 한다. 비영리 사업가로서 다양한 요구와 형식을 충족하려면 전적인 시간 헌신(full time commitment)이 요구된다는 점을 알아야 한다.

9) 효과적인 이사회 구성의 실패 : 리더십은 어디서나 핵심이다. 효과적인 이사회는 재능 있고, 헌신된 그리고 실제 일하는 사람들로 구성되어야 한다. 그리고 이사회는 업무의 통합성을 제공하고, 자금에의 접근성과 미션 달성에 반드시 필요한 전문성을 제공할 수 있어야 한다.

10) 전문성에 투자(활용)하지 않음 : 비영리 단체를 설립하고 운영하기 위해 법률가와 회계사와 같은 전문가가

필요하다. 이들을 직원으로 확보할 필요는 없지만 필요할 때 꼭 활용할 수 있어야 한다. 모금위원회도 마찬가지이다. 전문성이 떨어지는 사람들과 대책도 없이 적은 돈을 들여 그럭저럭 일하기보다 당신이 필요한 시간만큼 전문가를 활용하고 비용을 지불하는 것이 훨씬 더 효과적이다. 경험 많은 전문가를 활용하는 시스템이 장기적으로 돈을 절약하는 방법이다.

# 4장_ 성장과 발전

● TROSA의 성장

한때 심각한 알코올 중독자였고 그로 인해
재활프로그램에 참여했던 케빈은 자신이 약물치료프로그램에 참여
하는 사람들을 도와주는 데 재능이 있음을 깨닫고 1994년 샌프란시
스코에 약물중독자를 위한 장기주거 재활 프로그램을 설립하였다.
자본금 1만8천 달러로 사업을 시작한 케빈은 프로그램 운영비를 충
당하기 위해 자신의 경험과 노하우를 살려 트로사 무빙(Trosa Moving)
이라는 사회적 기업을 창립하게 된다. 12년이 지난 2004년을 기준으
로 트로사는 40여 명의 관리 직원과 100여 명의 훈련생이 7개의 사
업체를 운영하는 연간 예산 630만 달러나 되는 업체로 성장한다.
사업 초기에 자금 확보의 실패, 직원의 부족, 기관에 대한 일반인의 낮
은 인식 수준 등으로 트로사는 어려움에 직면하기도 했다. 하지만 케빈

을 비롯한 직원의 노력과 홍보를 통해 북캐롤라이나 이사업계의 7위로 올라섰고, 석조, 건축, 출장 요리, 도장, 조경, 액자틀 제작, 소매점, 자전거 수리, 크리스마스트리 판매업 등으로 사업 분야를 확장했다.

트로사의 관리자들은 대부분 자체 약물재활프로그램을 마치고 이곳의 직원으로 남아 있는 사람들이다. 이들과 약 300여 명이 함께 공동체를 이루고 있는데, 직원들은 거주자들 스스로 책임감과 공동체에 대한 책임감을 갖고, 정직, 책임, 노동 윤리, 공동체와 구성원간 깊은 연대 등 트로사의 핵심사 가치를 이해하도록 하는 데 노력한다. 약물 중독자로서 재활 과정을 이겨낸 직원들은 세심한 상담을 해주고 성공 모델이 되어 주기도 한다. 하지만 거주자의 게으름 등에 아주 단호하다. 지속적이고 단호한 치료가 무엇보다도 중요하다는 것을 잘 알기 때문이다.

트로사에게 가장 주목할 만한 점은 재활 프로그램의 원활한 운영을 통한 사업의 확대, 그리고 그 수입으로 프로그램에 재투자가 이루어지는 선순환 관계를 형성했다는 것이다. 그리고 뛰어난 사업적 통찰력을 지닌 CEO의 능력과 엄격하면서도 따스한 원칙, 그리고 투명한 근로 윤리 교육이 성장의 원동력으로 지적되고 있다.

*자료: 정선희(2004), 「사회적 기업」에서 일부 발췌 정리

창의적인 창립자에 의해 탄생한 비영리 단체는 시간이 흐르고 사업이 정착되면서 성장의 단계로 접어들기 시작한다. 내부에서 역할의 분담도 생기고 부분적으로 기능적 전문성도 발생한다. 조직 내 계층이 분화되는 것은 당연하고 새로운 사업을 탐색하거나 시도하기도 한다.

　　앞 장의 사례로 살펴본 ㅂ공동체의 경우 초창기 조직의 모습을 그대로 유지함으로써 늘어나는 사역과 열매를 제대로 조정하고 관리하지 못했다. 더 많은 열매를 위한 투자와 조직화 활동이 부족하여 제대로 된 성장의 모습을 갖추지 못한 채 여전히 개인의 헌신에 의존하는 모습이다.

　　이와 같이 많은 기독교 비영리 단체는 태동의 수준에 머무르며 제대로 된 조직적 성장을 이루어내지 못한다. 조직적 성장이란 단순히 사업의 규모나 구성원의 수, 수혜자의 수가 커지거나 늘어나는 것만을 의미하지 않는다. 외연적으로 사업이나 구성원 수가 늘어나는 것에 더하여 이 규모를 유지하고 사업을 수행할 수 있는 체질, 다시 말해 제대로 된 시스템과 조직 구조를 갖추고 이에 상응하는 전문 인력 및 관리자의 확보와 투자 등이 이루어지는 것까지를 포함한다.

　사례에서 살펴본 트로사는 짧은 기간에 큰 성장을 기록한 비영리 단체이다. 물론 비영리의 특성과 기업의 특성을 결합한 사회적 기업으로서 성장했다. 하지만 구성원과 사업의 수가 늘어나고 재정의 안정성이 확보됨은 물론 조직 운영의 토대를 제공하는 강력한 조직문화를 구축하는 등 조직 성장의 전형적 모습을 보여주고 있다.


● ● 조직 성장의 다양한 요소


### 역할의 수평적, 수직적 분화

　　　조직 성장에서 가장 두드러지는 특징은 일의 수가 많아지고 분화되며 그 일들을 수행하는 사람의 수가 늘어난다는 것이다. 이에 따라 부서라는 하위조직들이 생겨나고 하위 부서의 각종 활동에 대한 조정과 통제가 늘어난다.

　이러한 역할의 분화와 증가 사례는 우선 출애굽기에서

찾아볼 수 있다. 출애굽 후 아말렉과의 전쟁에 나선 상황을 살펴보면 초기에 모세와 함께한 것으로 언급된 아론 외에 훌과 여호수아라는 인물이 등장한다. 여호와의 지휘를 받는 모세, 입으로 활동하는 아론, 지원 스태프의 역할을 수행하는 훌, 그리고 전투 지휘관 여호수아가 등장하는 것이다.

> 그때에 아말렉이 와서 이스라엘과 르비딤에서 싸우니라 모세가 여호수아에게 이르되 우리를 위하여 사람들을 택하여 나가서 아말렉과 싸우라 내일 내가 하나님의 지팡이를 손에 잡고 산 꼭대기에 서리라 여호수아가 모세의 말대로 행하여 아말렉과 싸우고 모세와 아론과 훌은 산 꼭대기에 올라가서 모세가 손을 들면 이스라엘이 이기고 손을 내리면 아말렉이 이기더니 모세의 팔이 피곤하매 그들이 돌을 가져다가 모세의 아래에 놓아 그가 그 위에 앉게 하고 아론과 훌이 한 사람은 이쪽에서, 한 사람은 저쪽에서 모세의 손을 붙들어 올렸더니 그 손이 해가 지도록 내려오지 아니한지라 여호수아가 칼날로 아말렉과 그 백성을 쳐서 무찌르니라(출 17:8-13).

이를 달리 표현한다면 최고 리더십과 지원 스태프 그리고 현장 실무자 등으로 역할이 분할되고 각 부분 책임자가 선임되는 과정이라 할 수 있다. 이것은 바로 일종의 업무의 수평적 분화이다. 한 사람이 담당하던 업무를 분할하여 그 기능을 강화하고 책임자를 선임한다.

이러한 역할의 분담은 성전을 재건하는 과정에서도 찾아볼 수 있다. 성전 재건을 위한 큰 역사를 이룸에 있어 그 역할을 분할하여 여러 사람에게 맡기는 것을 볼 수 있다.

> 예루살렘에 있는 하나님의 성전에 이른 지 이 년 둘째 달에 스알디엘의 아들 스룹바벨과 요사닥의 아들 예수아와 다른 형제 제사장들과 레위 사람들과 무릇 사로잡혔다가 예루살렘에 돌아온 자들이 공사를 시작하고 이십 세 이상의 레위 사람들을 세워 여호와의 성전 공사를 감독하게 하매 이에 예수아와 그의 아들들과 그의 형제들과 갓미엘과 그의 아들들과 유다 자손과 헤나닷 자손과 그의 형제 레위 사람들이 일제히 일어나 하나님의 성전 일꾼들을 감독하니라(스 3:8-9).

> 이에 스알디엘의 아들 스룹바벨과 요사닥의 아들 예수아가 일어나 예루살렘에 있던 하나님의 성전을 다시 건축하기 시작하매 하나님의 선지자들이 함께 있어 그들을 돕더니(스 5:2).

유다 사람의 장로들이 선지자 학개와 잇도의 손자 스가랴의 권
면을 따랐으므로 성전 건축하는 일이 형통한지라(스 6:14 상반절).

성전 건축의 실무자인 레위인들, 일꾼의 감독으로서
레위인, 선지자, 장로들 간에 역할이 분담된다.

다른 한편으로 수직적 분화를 찾아볼 수 있다. 이는 중
간 관리자를 세우고 일의 과중에 따라 적절하게 권한을 위
임해 최고 경영자가 조직의 차원에서 가장 중요한 역할만
을 수행하도록 조직 계층을 도입하는 것을 뜻한다.

이튿날 모세가 백성을 재판하느라고 앉아 있고 백성은 아침부
터 저녁까지 모세 곁에 서 있는지라 모세의 장인이 모세가 백
성에게 행하는 모든 일을 보고 이르되 네가 이 백성에게 행하
는 이 일이 어찌 됨이냐 어찌하여 네가 홀로 앉아 있고 백성은
아침부터 저녁까지 네 곁에 서 있느냐 모세가 그의 장인에게
대답하되 백성이 하나님께 물으려고 내게로 옴이라 그들이 일
이 있으면 내게로 오나니 내가 그 양쪽을 재판하여 하나님의
율례와 법도를 알게 하나이다 모세의 장인이 그에게 이르되
네가 하는 것이 옳지 못하도다 너와 또 너와 함께 한 이 백성
이 필경 기력이 쇠하리니 이 일이 네게 너무 중함이라 네가 혼
자 할 수 없으리라 이제 내 말을 들으라 내가 네게 방침을 가

르치리니 하나님이 너와 함께 계실지로다 너는 하나님 앞에서 그 백성을 위하여 그 사건들을 하나님께 가져오며 그들에게 율례와 법도를 가르쳐서 마땅히 갈 길과 할 일을 그들에게 보이고 너는 또 온 백성 가운데서 능력 있는 사람들 곧 하나님을 두려워하며 진실하며 불의한 이익을 미워하는 자를 살펴서 백성 위에 세워 천부장과 백부장과 오십부장과 십부장을 삼아 그들이 때를 따라 백성을 재판하게 하라 큰 일은 모두 네게 가져갈 것이요 작은 일은 모두 그들이 스스로 재판할 것이니 그리하면 그들이 너와 함께 담당할 것인즉 일이 네게 쉬우리라 네가 만일 이 일을 하고 하나님께서도 네게 허락하시면 네가 이 일을 감당하고 이 모든 백성도 자기 곳으로 평안히 가리라 이에 모세가 자기 장인의 말을 듣고 그 모든 말대로 하여 모세가 이스라엘 무리 중에서 능력 있는 사람들을 택하여 그들을 백성의 우두머리 곧 천부장과 백부장과 오십부장과 십부장을 삼으매 그들이 때를 따라 백성을 재판하되 어려운 일은 모세에게 가져오고 모든 작은 일은 스스로 재판하더라(출 18:13~26).

이는 출애굽기 18장에 기록되어 있는데, 13절에서 16절까지 단순조직에서 최고 경영자가 수행하는 업무 방식이 그대로 당시 이스라엘 백성에게도 나타났다. 모세의 장인 이드로는 이 방식이 조직적으로 타당하지 못함을 지적하고 그 대안으로 조직 계층을 정하고 적당한 인재를 선발하여 중간관리자로 삼을 것을 권고한다. 그리고 모세는 그 권고를 받아들여 출애굽한 이스라엘 백성의 조직 계층을 갖추게 된다.

> 이튿날 모세가 백성을 재판하느라고 앉아 있고 백성은 아침부터 저녁까지 모세 곁에 서 있는지라(출 18:13).

비록 짧은 구절이지만 여기에서 주목해 봐야 할 것이 있는데, 중간관리자를 세우는 기준이다. 위 구절에서 중간관리자의 조건을 '능력을 보유한' 것으로 제시하고 구체적으로 '하나님을 두려워하며 진실하며 불의한 이익을 미워하는 자'라고 표현한다. 연장자도 아니고 모세와 친분이 있는 사람도 아니며 객관적으로 인정할 만한 기준을 제시한다. 이와 같은 사람의 선정에 대한 언급은 앞 장에서도 이미 살펴본 바 있다.

한 가지 더 주목해 볼 사실은 기독교 이름으로 발달된 기술이 아니라 하더라도 적용할 수 있는 이방의 지혜가 있다는 점이다. 위에서 살펴본 수직적 계층의 도입은 하나님의 가르침에서 직접 기인한 게 아니고 이방의 목자인 이드로가 제안한 것이다. 이드로는 자신의 권고에 몇 가지 조건 중 하나님께서도 네게 허락하시면 이 제도를 받아들이라고 권고한다. 모세 역시 이드로의 모든 권고를 수용하여 천부장과 백부장, 오십부장 그리고 십부장을 세운다.

위와 같은 원리는 단순히 조직 계층 도입에만 관련된 것은 아니라고 할 수 있다. 기독교 비영리 단체가 성장하는 데 요구되는 다양한 필요를 충족하는 기술과 방법은 꼭 성경에 기반한 것은 아니다. 성경 중립적이거나 더 나가 이방적 요소를 다소 가미하고 있다 하더라도 '하나님이 허락하시면' 그 기술과 제도, 노하우를 우리에게 적용할 수 있다. 이는 앞서 살펴본 성경적 세계관과 크게 위배되는 것은 아니다. 오히려 모든 제도와 기술의 주인이 예수 그리스도이심을 고백한다. 이것들은 온전하게 쓰임받을 수 있는 기회를 마련하기도 한다.

이와 같이 사람을 세우고 조직화를 이루어가는 것은 창립자가 받은 말씀을 확산하고 굳게 세우는 작업으로 볼 수 있다. 이러한 확산과 견고화 작업이 단체 내부에서 제대로 이루어지지 않을 경우 그 말씀이 힘을 잃고 단체의 사회적 영향력은 희미해질 것이다. 그 결과 목적한 문제들의 해결은 점점 더 어려워진다.

### 재정 확장과 투자

앞 장에서 비영리가 창립되기 위해 기부자 시장에 대한 이해와 확실한 재정적 원천 확보가 중요하다고 이야기한 바 있다. 이는 비영리 단체가 성장하는 과정에서도 동일하다. 아니 오히려 조직적으로 영향력을 확대하고자 한다면 태동기에서보다 더 중요해진다고 할 수 있다.

앞 장에서 본 바와 같이 정부(왕들과 방백)가 비영리의 유력한 재정 원천인 것은 분명하며, 교인이나 교회, 그리고 일반 대중도 유력한 원천인 것은 분명하다. 문제는 성장을 위해 필요한 재원을 지속적으로 어떻게 확보하는가 하는 것이다.

풍족하지 않더라도 안정적인 재정의 확보가 어떻게 이루어지는가 하는 것은 에스라서를 통해 알아볼 수 있다.

에스라 2장을 살펴보면 예루살렘 도착 후 들어가는 재정적 문제는 기부로 해결된다. 족장들이 힘닫는 대로 기부하는 모습을 볼 수 있다. 각 왕들이 내리는 조서를 살펴보면 이스라엘 백성이 예루살렘의 성전과 성벽 재건에서 재정을 어떻게 얼만큼 조달할 수 있는지를 비교적 상세하게 기술한다. 또 그것이 어떻게 현실화되는가를 보여주고 있다.

> 어떤 족장들이 예루살렘 여호와의 전 터에 이르러 하나님의 전을 그곳에 다시 건축하려고 예물을 즐거이 드리되 역량대로 역사하는 곳간에 들이니 금이 육만 일천 다릭이요 은이 오천 마네요 제사장의 옷이 백 벌이었더라 이에 제사장들과 레위 사람들과 백성 몇과 노래하는 자들과 문지기들과 느디님 사람들이 그 본성들에 거하고 이스라엘 무리도 그 본성들에 거하였느니라(스 2:68-70).

이스라엘 백성이 성벽을 완공한 시점에 이르러 느헤미야는 그 역사 과정에서 족장과 백성들의 재정적 기여에 관해 기록하고 있다.

어떤 족장들은 역사를 위하여 보조하였고 방백은 금 일천 다릭과 대접 오십과 제사장의 의복 오백 삼십 벌을 보물 곳간에 드렸고 또 어떤 족장들은 금 이만 다릭과 이천 이백 마네를 역사 곳간에 드렸고 그 나머지 백성은 금 이만 다릭과 은 이천 마네와 제사장의 의복 육십칠 벌을 드렸느니라(느 7:70-72).

문제는 이와 같은 헌신적인 기부와 후원을 어떻게 지속적으로 받아낼 수 있는가이다. 후에도 살펴보겠지만 사람이라는 존재는 이기적이어서 자신의 이득을 챙기는 데는 빠르고 공익을 위한 기부나 후원에는 인색한 경향이 있다.

이와 같은 재정 수입 확장의 문제는 바로 투자와도 깊은 연관이 있다. 투자란 정한 목적을 달성하기 위해 재정적인 노력을 기울이는 것으로, 이는 비용으로 여겨지는 것이 아니라 미래의 열매 창출을 위해 씨를 뿌리는 것이라 할 수 있다.

스룹바벨은 이스라엘 백성이 예루살렘에 귀향하여 성전을 재건함에 있어 부족한 물품을 돈을 주고 구매하는 것을 볼 수 있다. 전문가(석수와 목수)를 고용하고, 여호와의 성전에 걸맞는 건축 재료(백향목)와 운송 채널을 일련의 대가를 지불하고 확보한다.

> 이에 석수와 목수에게 돈을 주고 또 시돈 사람과 두로 사람에게 먹을 것과 마실 것과 기름을 주고 바사 왕 고레스의 조서대로 백향목을 레바논에서 욥바 해변까지 수운하게 하였더라 (스 3:7).

주어진 미션을 달성하기 위해 돈을 지불해야 하는 곳에 적절한 대가를 지불하고 필요한 것을 확보하는 모습을 보여주고 있다. 이렇게 우리에게 가장 필요하고 적합한 것에 일련의 대가를 지불하고 더 나은 열매나 성과를 기대하는 것이 바로 투자이다.

그러나 많은 기독교 비영리 단체에서 투자 개념을 찾아보기 힘들다. 사업을 시행하고 조직을 운영하기 위해 주로 주변으로부터 도움을 받다 보니 이른바 '무임승차'에 익숙하다. 그래서 투자와 수익에 대한 마인드가 형성되지 못한 경우가 흔하다.

무슨 일을 하든지 무료로 또는 싸게만 처리하려 하고

모든 지출을 비용으로 산정하여 비용을 절감하려 노력하지, 효과적인 투자를 통해 더 나은 성과나 열매를 맺으려는 사고는 크게 부족하다. 그 결과 적절하게 투자하여 더 큰 성과를 얻는 기회를 놓치거나, 더 나은 기술의 도입에 인색하여 수혜자 서비스의 질이 낮아지는 악순환을 초래하기도 한다.

재정 확보에는 더욱더 그런 경향을 보인다. 선한 일에 헌신한 사람들이 모여 다양한 일을 하는 데 필요한 제 경비나 인건비 등은 사랑과 자선의 마음이 넘치는 후원자로부터 무료로 받는 것을 당연하게 여긴다. 합리적이고 효과적인 재정 확보 방법을 강구하고 실천하는 데에 큰 관심을 두지 않는다. 그보다 어떻게든 채워질 것이라는 믿음으로 기다리거나, 창립자의 개인적 희생에 의존한다. 또는 프로그램 운영자나 활동가들은 직접 해결하도록 방치에 가까운 강요를 할 뿐, 이렇다 할 투자를 하는 경우는 흔하지 않다. 그 결과 단체와 구성원의 재정적 여력은 물론 재정확보 능력도 점점 저하되고, 중요한 대의가 분명 눈앞에 있는데도 이에 제대로 대처하지 못하는 경우가 발생한다.

재정의 규모가 확대되면서 주의해야 할 사항의 하나는 재정 사용의 투명성이다. 사업의 규모가 커지면서 비영리 단체는 점점 더 많은 재물을 확보하고 사용하며 그 원천과 지출 대상도 다양하고 복잡하게 변한다. 일반적으로 사람들이 비영리 단체에 기부를 꺼리는 이유는 경제적 어려움 다음으로 단체에 대한 신뢰 부족이다. 신뢰의 부족은 현재 수행 중인 사업의 적합성을 의미하기도 하지만 재정 사용의 투명성을 의미한다. 사실적으로 조직의 투명성이 기부 여부를 결정하는 가장 중요한 요인이다.

이와 같은 재정의 투명성에 에스라는 좋은 본보기가 되어 준다. 자기가 받은 금을 그릇들에 그대로 달아 기록하여 넘겨 주는 모습을 볼 수 있다. 이는 느헤미야 13장에 기록된 바대로 레위인이나 노래하는 자들에게 돌려야 마땅한 몫을 지불하지 않는 민장들의 정당하지 못한 행동과 큰 차이를 보여 주고 있다.

> 그들에게 왕과 모사들과 방백들과 또 그곳에 있는 이스라엘 무리가 우리 하나님의 성전을 위하여 드린 은과 금과 기명들을 달아서 주었으니 … 이에 제사장들과 레위 사람들이 은과

금과 기명을 예루살렘 우리 하나님의 성전으로 가져가려 하여 그 중수대로 받으니라 … 모든 것을 다 계수하고 달아보고 그 중수를 당장에 책에 기록하였느니라(스 8:25, 30, 34).

하나님으로부터 받은 말씀을 구현하기 위해 하나님은 우리에게 비둘기 같이 순전할 것을 원하신 반면 동일하게 뱀처럼 지혜로울 것도 요구하신다. 기독교인 입장에서 뱀에 대한 원초적 거부감 때문인지는 몰라도 뱀처럼 지혜로운 활동에는 비둘기의 순전함에 비해 그 강조가 덜한 것이 사실이다.

기독교 비영리 단체에게 재물을 투명한 방법으로 모으고 사용하는 '순전함' 못지않게 중요한 것이 '지혜로움'이다. 기독교 비영리 단체에게 투자라는 것은 뱀처럼 지혜로운 일이다. 하나님이 허락하신 자원을 가장 유용하게 사용하는 방법을 강구하는 것이 바로 이에 해당한다.

### 사업의 확대

출애굽기나 에스라서에 구체적으로 나타나는 것은 아

니지만 조직 성장의 전형적인 특징으로 사업의 범위가 확대되거나 그 수가 늘어나는 것을 들 수 있다. 굳이 적용하자면 성전의 건축 이후 성벽을 재건하는 것을 예로 들 수 있다. 하지만 이는 시간에 따른 순차적인 것으로 다른 표현을 빌자면 사업 전환이라 할 수 있다.

사업의 범위가 확대되는 것은 그 수혜자의 절대 수가 늘어나는 것, 수혜자의 유형이 다양화되는 것, 지리적으로 확장되는 것 등을 들 수 있다. 사업의 수가 늘어난다는 것은 수혜자가 받는 서비스의 종류가 다양해진다는 것을 의미한다. 사업의 범위가 확장되는 것과 수가 늘어나는 것은 같이 일어날 수도 있고 아닐 수도 있다.

기독교 비영리 단체의 경우에도 사업의 범위나 수가 늘어나는 것은 어렵지 않게 현장에서 발견할 수 있다. 북한 어린이를 돕던 단체가 국내 어린이를 위한 사업이나 북한 외 제3세계 어린이를 돕는 사업을 시작하는 것도 있다. 현장 활동만을 수행하던 단체가 대중 교육을 새로이 시작하는 경우도 있다. 전문 선교사를 양성하여 파송하던 단체가 자비량 선교사를 지원하는 프로젝트를 실시할 수도 있다. 해외 파송만 하던 단체가 국내로 유입된 외국인 학생이나 노동자 등에 선교 교육을 실시하는 것도 사업의 범위나 수를 확장하는 경우다.

문제는 이러한 사업의 확장은 처음 비영리 단체를 창립할 때 하나님의 말씀을 받아 시작한 것처럼 역시 말씀을 받아 확장하는가 하는 점이다. 비영리 단체의 입장에서 일련의 사업을 추진하다 보면 그 과정에서 또 다른 대의나 수혜자 시장을 어렵지 않게 볼 수 있다. 갈 곳 없는 어린이를 보호하다 보면 독거노인도 눈에 보이고, 노숙자도 눈에 보이며, 불법체류 노동자도 보인다.

이렇듯 여러 시장이 보이면 이들 시장에 일련의 책임감을 느끼면서 새로운 사업을 추진하고자 하는 마음이 든다. 그런데 이렇게 눈에 보이는 것보다 더 중요한 것은 이런 필요에 대해 분명하게 말씀이 응하였는가이다. 이에 대한 중요성은 앞 장에서도 충분히 설명했으므로 다시 강조할 필요는 없을 것이다.

시장 중심의 사업 확장은 반드시 기술적 요인을 고려하여 매우 신중히 해야 한다. 시장이 보인다고, 적절한 기술이나 자원을 확보할 수 없는 상황에서 일을 시작하는 것은 조직 전체에 위험을 가져올 수 있다. 적절한 수준에서 기술이나 자원의 확보는 말씀을 받는 것만큼이나 중요하다. 앞서 말한 대로 적절한 전략과 전술, 기법과 노하우가 없이 달려드는 것은 믿음으로 보일 수도 있으나 무모한 모험일 수도 있다.

하지만 더 문제가 되는 사업 확장 방식은 '돈'을 따라서 사업을 벌이는 것이다. 앞에서도 이야기한 것처럼 비영리 단체에서 모금을 하는 것은 수혜자 시장을 대상으로 사업이나 프로그램을 수행하는 것에 비해 늘 등한시되고 있다. 그러다 보니 대부분의 비영리 단체에는 재정적 어려움이 늘 일상화되어 있다.

이 문제를 가장 손쉽게 해결해 줄 수 있는 것처럼 보이는 것이 '새로운 프로젝트'의 시작이다. 특히 정부나 각종 지원재단이 실시하는 프로젝트나 프로그램은 일정 수준의 비용을 지원되기 때문에 당장 운영이 어려운 상황에서 숨통을 터 줄 것같이 여겨진다. 이러한 유혹 때문에 현재 진행중인 사업이나 프로그램과 조금만 연관성이 있어도,

심한 경우 거의 없는 경우에도 새로운 프로그램에 도전하게 된다.

그러나 이와 같은 사업의 확장은 여러 가지 문제를 내포한다. 우선 하나님 말씀의 부재일 가능성이 매우 높다. 시장과 기술의 창의적 결합 그리고 사랑과 정의를 기반으로 하는 일이 아니라 눈에 보이는 재원을 따라다니는 것이다 보니 수혜자에 대한 사랑이 자리잡기 어렵다. 그리고 새로운 사업의 필요성이나 중요성을 후원자나 기부자에게 알리지도 않는다. 결국 말씀에 의지하여 애정으로 사업에 헌신한다는 것은 불가능해진다.

둘째, 그렇게 사업을 새로이 시작했다고 해서 재정적 어려움이 해소되는 것이 아니다. 특정 사업이나 프로젝트의 지원금은 해당 사업이나 프로젝트에 사용해야지 다른 용도로 전용하여 사용할 수 없다. 이와 같은 사업이나 프로젝트들은 수행 기관의 운영비나 고정비 등을 고려하여 여유 있게 지원금을 배분하기보다 최선을 다해 노력하고 아껴야만 지원 목표를 달성할 수 있을 정도로만 지원금을 배분한다.

그렇기 때문에 새로운 프로젝트를 시행한다 하더라도 재정적 어려움은 해소되는 것이 아니고 더욱더 가중된다. 특히 사업비보다 운영비 부족으로 재정난에 처한 상황에서 이런 방식으로 사업과 재정의 규모만 키우는 것은 문제를 더 심각하게 하는 일이다.

셋째, 더 유능한 단체나 기관의 활동을 제약할 수도 있다. 만약 재정적 필요에 따라 전문성이 낮은 기관이 해당 사업을 수행하면 전문성이 높은 기관에 비해 사업의 질이 낮아지거나 그 질이 높아지는 데 상당한 시간과 비용이 들어간다. 전문성이 낮은 구성원의 전문성을 높이기 위해 교육이 필요할 수도 있고, 새로운 시설이나 설비를 갖추어야 하는 경우도 있기 때문이다. 이렇게 되면 수혜자에게 돌아갈 몫이 줄어들게 되고 전문성 높은 기관의 기술이나 자원이 사장되는 결과를 낳게 된다. 따라서 재원을 따라다니는 사업은 상대적으로도 수혜자 시장에 긍정적 영향을 미치기 어렵다.

### ● ● ● 성장 장애요인과 극복

성장이라는 것은 다른 한편으로 보면 창립 이후 발생하는 다양한 내외부의 장애요인을 극복하는 과정으로 볼 수 있다. 다시 말해 비영리 단체가 성장과 발전을 이루지 못하는 데는 내적 외적으로 발생하는 다양한 장애요인을 효과적으로 극복하지 못한 이유도 있다.

성장에 장애가 되는 요인에는 조직 외적인 요인과 조직 내적인 요인이 있다. 먼저 외부 장애요인으로는 경쟁하는 단체나 조직, 그리고 외부인들과의 갈등을 들 수 있다.

#### 외부 장애요인

우선 조직 외적인 성장 장애요인을 살펴보면 첫째, 협력과 경쟁의 복잡성을 들 수 있다. 특정의 사업을 시작하면 주변에 동일하거나 유사한 사업을 수행하는 단체도 있고, 물건이나 서비스 또는 인력 등을 공급하는 단체나 조직도 존재한다.

사회적인 대의는 하나의 단체 단독으로 처리할 수 없

는 경우가 대부분이다. 때문에 협력 관계 다시 말해 파트너십이 발생하고 이 상황에서 파트너십에 연결되지 않은 단체와는 불가피하게 경쟁을 하는 경우가 발생한다.

이때 과연 누구를 파트너로 하는가에 따라 일의 수행 방법이나 영향력 창출의 정도가 달라질 수 있다. 다른 한편으로는 경쟁의 대상과 강도도 달라질 수 있다. 그렇기 때문에 우리가 어느 정도의 파트너십을 형성할지, 형성한다면 대상을 선정하는 기준은 무엇이 되어야 하는지, 어떠한 영역에서 협력하고 그 방법은 무엇이 되어야 하는지를 준비해야 한다. 그렇지 않으면 오히려 파트너십이 성장과 발전에 장애요인으로 작용할 수도 있다.

에스라와 느헤미야는 위와 같은 상황에서 파트너십을 요청하는 이방의 지도자를 거부함으로써 아주 명확한 파트너십 전략을 구사한다.

> 유다와 베냐민의 대적이 사로잡혔던 자의 자손이 이스라엘의 하나님 여호와의 전을 건축한다 함을 듣고 스룹바벨과 족장들에게 나아와 이르되 우리도 너희와 함께 건축하게 하라 우리도 너희 같이 너희 하나님을 구하노라 앗수르 왕 에살핫돈이

우리를 이리로 오게 한 날부터 우리가 하나님께 제사를 드리노라 스룹바벨과 예수아와 기타 이스라엘 족장들이 이르되 우리 하나님의 성전을 건축하는데 너희는 우리와 상관이 없느니라 바사 왕 고레스가 우리에게 명하신 대로 우리가 이스라엘의 하나님 여호와를 위하여 홀로 건축하리라 하였더니 이로부터 그 땅 백성이 유다 백성의 손을 약하게 하여 그 건축을 방해하되(스 4:1-4).

파트너십을 요청하는 상대방은 유다의 대적이 그렇게 한 것처럼 동질적 유대감을 강조하고(우리도 너희 같이 너희 하나님을 찾노라, 우리를 이리로 오게 한 날부터 우리가 하나님께 제사를 드리노라), 가시적이고 실질적인 성과를 강조한다.

이스라엘 백성의 입장에서 보면 비록 민족은 달라도 그들도 하나님께 제사를 드리며 하나님을 찾는 자들인데 그들과 연합하여 성전을 건축하면 건축 기간을 단축할 수 있다. 풍부한 자원을 확보할 수 있으며, 반대자가 될 수 있는 자들을 협력자로 만들어 위협 요인을 제거할 수 있는 등 아주 많은 장점을 확보할 수 있다. 나아가 근동의 이주 백성에게 하나님을 전하는 좋은 기회를 마련하는 것이기도 하다. 아주 매력적인 파트너십 조건이 아닐 수 없다.

그럼에도 불구하고 스룹바벨과 이스라엘 지도자들은 파트너십 요청을 단호하게 거부한다. 그 이유가 성경에 분명하게 기록돼 있진 않지만 대적들의 불손한 의도를 이스라엘의 입장에서 받아들일 수 없었던 것으로 파악된다. 오래전 유다 지방으로 이주해 온 이방 백성들이 부근 지역에 사회적, 문화적, 정치적 영향력을 상실하지 않기 위해 자신들이 그 땅의 주인인양(앗수르왕 에살핫돈이 우리를 이리로 오게 한 날부터) 사실을 왜곡했다. 그 왜곡의 이면에는 전통적으로 이스라엘 백성에 대한 혈통적, 민족적 열등감 - 이스라엘이 강대해져서 강력한 지배력을 행사하고 자신들이 그 지배에 들어갈 수도 있다는 - 이 있었던 게 아닌가 여겨진다.

이스라엘의 입장에서 오랜 동안 잃었던 민족적 자존심을 회복하고 예루살렘에 정착하는 것이 급하고 중요한 일인 게 분명하다. 하지만 민족적 정통성과 자긍심을 포기하면서까지 위와 같이 불손한 의도를 지난 자들과의 협력은 불가능하다는 원칙을 내세운다. 그 결과 우호적인 파트너가 될 수 있는 자들이 무서운 위협 요인으로 바뀌는 것을 볼 수 있다.

반대로 협력을 거부당하기도 한다. 광야를 지나던 이스라엘 백성은 에돔에게 땅을 통과하여 지날 수 있도록 요청한다. 그러나 이스라엘을 경계한 에돔 왕은 이를 허락하지 않고 결국 이스라엘과 사이가 나빠진다. 이렇듯 외부의 다양한 조직들은 우리가 원하는 바대로 움직여 주지 않으며 이것은 하나의 위협적 요인이 될 수도 있다.

네 이웃의 집을 탐내지 말찌니라 네 이웃의 아내나 그의 남종이나 그의 여종이나 그의 소나 그의 나귀나 무릇 네 이웃의 소유를 탐내지 말찌니라 뭇 백성이 우뢰와 나팔소리와 산의 연기를 본지라 그들이 볼 때에 떨며 멀리 서서 모세에게 이르되 당신이 우리에게 말씀하소서 우리가 들으리이다 하나님이 우리에게 말씀하시지 말게 하소서 우리가 죽을까 하나이다 모세가 백성에게 이르되 두려워 말라 하나님이 강림하심은 너희를 시험하고 너희로 경외하며 범상치 않게 하려 하심이니라 백성은 멀리 섰고 모세는 하나님의 계신 암흑으로 가까이 가니라 (출 20: 17-21).

둘째, 경쟁자의 강력하고도 실질적인 도전이 있을 수 있다. 스룹바벨이 고레스의 조서를 받아 성전 건축에 나서자, 이 사역의 유익을 나누고자 하는 불순한 세력이 파트너십을 요청한다. 이것이 거절되자 그들은 강력한 방해 공작을 펼친다. 예루살렘 근동에서 자기들의 입지와 영향력이 축소되는 반면 이스라엘 민족이 강성해지는 것을 견제하려는 의도에서이다. 그리고 그 의도는 19년 동안 성공을 거두기도 한다.

> 아닥사스다 왕의 조서 초본이 르훔과 서기관 심새와 그 동료 앞에서 낭독되매 저희가 예루살렘으로 급히 가서 유다 사람들을 보고 권력으로 억제하여 그 역사를 그치게 하니 이에 예루살렘에서 하나님의 전 역사가 바사 왕 다리오 제 이년까지 이르니라(스 4:23-24).

직접적인 위협이 아니더라도 경쟁자의 비난과 비방은 큰 장애요인이 아닐 수 없다. 주변을 둘러싼 다양한 이해관계자나 일반 대중으로부터 신뢰감을 상실할 수도 있다. 무엇보다도 내부 구성원의 사기가 저하되거나 지금 자신이 하는 일에 의심을 품게 하는 요인이 될 수 있다.

느헤미야를 중심으로 성벽을 건축할 때, 근동에서 영향력을 행사하던 산발랏과 도비야는 이스라엘의 예루살렘 성벽을 재건하는 일은 무의미하며 불가능하고 가능하더라도 아주 가치 없고 쓸모없는 것이라는 냉소적인 비난을 퍼붓는다.

> 호론 사람 산발랏과 종이 되었던 암몬 사람 도비야와 아라비아 사람 게셈이 이 말을 듣고 우리를 업신여기고 비웃어 가로되 너희의 하는 일이 무엇이냐 왕을 배반하고자 하느냐 하기로 내가 대답하여 가로되 하늘의 하나님이 우리로 형통케 하시리니 그의 종 우리가 일어나 건축하려니와 오직 너희는 예루살렘에서 아무 기업도 없고 권리도 없고 명록도 없다 하였느니라(느 2:19-20).

> 산발랏이 우리가 성을 건축한다 함을 듣고 크게 분노하여 유다 사람들을 비웃으며 자기 형제들과 사마리아 군대 앞에서 말하여 가로되 이 미약한 유다 사람들의 하는 일이 무엇인가, 스스로 견고케 하려는가, 제사를 드리려는가, 하루에 필역하려는가, 소화된 돌을 흙 무더기에서 다시 일으키려는가 하고 암몬 사람 도비야는 곁에 섰다가 가로되 저들의 건축하는 성벽은 여우가 올라가도 곧 무너지리라 하더라(느 4:1-3).

셋째, 게임의 룰을 벗어나는 비정상적인 방법으로 위협을 받기도 한다. 성전 재건의 공사가 중단된 것은 대적들이 공식적 권위에 의지하여 이스라엘의 역사를 방해한 것이 원인이다. 다시 말하면 일반적으로 사용할 수 있는 법이나 제도, 다른 사안과의 형평성, 여론 등을 활용하여 활동을 제약한다.

더 나아가 탈법적이고 비도덕적인 방법을 통해서도 경쟁자들은 일을 방해할 수 있다. 극단적인 경우 생명에 대한 직접적 위협이나, 부도덕적인 인력 스카우트, 시설이나 설비 파괴 등의 방법을 사용해서라도 방해하려고 한다.

산발랏을 비롯한 대적들은 성벽이 건축되어 가는 것을 보고 이와 같은 방법을 사용했다. 그들은 이스라엘 백성의 지도자를 제거하려는 직접적인 위해 작업에 나서기도 한다. 온갖 유화정책이나 비난에도 불구하고 이스라엘 성벽이 재건되어 가는 모습을 본 이방인들은 이스라엘의 지도자를 직접 해함으로써 그 역사를 중단시키고자 하는 무시무시한 계획도 세우게 된다.

산발랏과 게셈이 내게 보내어 이르기를 오라 우리가 오노 평
지 한 촌에서 서로 만나자 하니 실상은 나를 해코자 함이라 …
산발랏이 다섯 번째는 그 종자의 손에 봉하지 않은 편지를 들
려 내게 보내었는데 그 글에 이르기를 이방 중에도 소문이 있
고 가스무도 말하기를 네가 유다 사람들로 더불어 모반하려
하여 성을 건축한다 하나니 네가 그 말과 같이 왕이 되려 하는
도다(느 6:2, 5~6).

이와 같은 장애요인 이면에는 정부의 정책변화라는 장
애요인이 숨어 있기도 하다. 애굽에서 나온 이스라엘 백
성을 다시 추격해 오는 바로와 그의 군대(출 14)도 이와 같
은 유형의 장애요인에 해당한다고 할 수 있다. 모세와 이
스라엘 백성을 보내주기로 마음먹었던 바로가 변심한 것
이다. 그리고 성벽의 재건에 선왕의 교서를 바꾸는 바사
왕들의 변심도 일련의 정책적 변화로 해석할 수 있다.

비영리와 관련된 영역에서 이와 같은 정부 정책의 변
화는 어렵지 않게 찾아볼 수 있다. 의욕적으로 추진하던
사업을 1~2년 만에 타당성이 없다고 중단한다든가, 1년만
예산을 편성하여 사업을 추진하도록 한 후 그 후에는 비영

리 단체 스스로 재원을 조성토록 하여 사업의 지속성 확보를 어렵게 만드는 경우를 예로 들 수 있다.

이와 같은 외부의 방해에도 불구하고 이스라엘 백성은 비록 19년간 중단되기는 했지만 성전의 건축을 이루어내고 불과 오십이일 만에 성벽 재건의 역사를 이루어 낸다.

외부 장애요인을 효과적으로 극복하는 것은 적절한 전략과 전술이라고 하는 기술의 개발 또는 획득과 실행에 달려 있다. 이에 관해서는 앞 장의 '비영리 기술' 부분에서 언급한 바 있다. 방해하는 대적에 맞서 왕으로부터 성전 재건의 허락을 받아내고 공격 위협에 대비하는 것은 전략과 전술 수준에서 적절한 대비였다고 볼 수 있다.

### 내부 장애요인

외부의 장애요인은 비영리 단체를 운영하고 사업의 목표를 이루어가는 데 위협적인 것은 사실이지만 내부적인 결속을 다지게 하는 긍정적인 요인으로 작용하기도 한다.

그러나 조직 내부에 발생하는 문제들은 그 영향이 심각하여 때로는 조직을 무너뜨리기도 하며 우수하고 꼭 필요한 사람이 단체를 떠나가는 결과를 낳기도 한다.

비영리 조직의 성장을 방해하는 첫 번째 장애요인은 내부 구성원 간의 분열이다. 성공적으로 애굽에서 탈출한 이스라엘 백성은 광야에서 방황이 길어지고 경제적, 육체적 어려움이 가중됨에 따라 각종 불평을 쏟아 놓다가 결국 분열이 일어난다.

모세에 대한 미리암과 아론의 비방(출 12), 정탐에 대한 의견 분열(출 13), 고라당의 반역(출 16) 등이 전형적인 예라 할 수 있다. 이 중에서 고라와 함께 반역을 시도한 다단과 아비람의 항변을 들어 보면 분열의 이유도 궁색한 것을 볼 수 있다.

> 네가 우리를 젖과 꿀이 흐르는 땅에서 이끌어 내어 광야에서 죽이려 함이 어찌 작은 일이기에 오히려 스스로 우리 위에 왕이 되려 하느냐 이뿐 아니라 네가 우리를 젖과 꿀이 흐르는 땅으로 인도하여 들이지도 아니하고 밭도 포도원도 우리에게 기업으로 주지 아니하니 네가 이 사람들의 눈을 빼려느냐 우리는 올라가지 아니하겠노라(민 16:13-14).

다단과 아비람은 노예 생활에 지쳐 고통을 호소하던 애굽을 젖과 꿀이 흐르는 땅이라고 표현하고 있다. 모세에게 왕이 되려는 욕망에 가득 차 있다는 비방을 하며 공식적으로 반기를 든다.

이들처럼 공식적 권위에 대한 도전으로 분열을 도모하는 경우도 있지만 구성원 간에 보이지 않는 차별로 조직이 분열되는 경우도 있다. 성벽 공사가 진행 중이던 때에 이스라엘의 민장들은 일반 백성에게 경제적 압박을 가함으로써 민족적 분열을 조장하는 것을 볼 수 있다.

> 때에 백성이 그 아내와 함께 크게 부르짖어 그 형제 유다 사람들을 원망하는데 혹은 말하기를 우리와 우리 자녀가 많으니 곡식을 얻어 먹고 살아야 하겠다 하고 혹은 말하기를 우리의 밭과 포도원과 집이라도 전당 잡히고 이 흉년에 의하여 곡식을 얻자 하고 혹은 말하기를 우리는 밭과 포도원으로 돈을 빚내어 세금을 바쳤도다 우리 육체도 우리 형제의 육체와 같고 우리 자녀도 저희 자녀 같거늘 이제 우리 자녀를 종으로 파는도다 우리 딸 중에 벌써 종된 자가 있으나 우리의 밭과 포도원이 이미 남의 것이 되었으니 속량할 힘이 없도다(느 5:1-5).

더욱이 느헤미야는 총독으로서 백성의 속량과 경제적 부담을 경감하려는 부단한 노력을 하고 있음(느 5:13-18)에도 불구하고, 중간 지도자들인 민장들의 이러한 처사는 힘든 역사를 하는 이스라엘 백성에게 위협적인 내부 문제가 아닐 수 없다.

다음으로 내부의 부정과 부패가 발생할 수도 있다. 느헤미야서에 보면 이스라엘의 백성 스마야가 산발랏으로부터 뇌물을 받고 느헤미야를 해하려는 음모를 꾸미는 것을 볼 수 있다. 개인적 치부를 위해 조직의 리더십을 제거하려는 부도덕한 행동을 취한 것이다.

> 이 후에 므헤다벨의 손자 들라야의 아들 스마야가 두문불출하기로 내가 그 집에 가니 저가 이르기를 저희가 너를 죽이러 올 터이니 우리가 하나님의 전으로 가서 외소 안에 있고 그 문을 닫자 저희가 필연 밤에 와서 너를 죽이리라 하기로 내가 이르기를 나 같은 자가 어찌 도망하며 나 같은 몸이면 누가 외소에 들어가서 생명을 보존하겠느냐 나는 들어가지 않겠노라 하고 깨달은즉 저는 하나님의 보내신 바가 아니라 도비야와 산발랏에게 뇌물을 받고 내게 이런 예언을 함이라 저희가 뇌물을 준 까닭은 나를 두렵게 하고 이렇게 함으로 범죄하게 하고 악한 말을 지어 나를 비방하려 함이었느니라(느 6:10-13).

엘리아십이 전에 느헤미야를 해하기 위해 스마야에게 뇌물을 주었던 도비야와 내통하여 하나님의 전을 더럽히는 사건도 발생한 것을 볼 수 있다. 하나님의 전 중에 '소제물과 유향과 그릇과 또 레위 사람들과 노래하는 자들과 문지기들에게 십일조로 주는 곡물과 새 포도주와 기름과 또 제사장들에게 주는 거제물을 두는 곳'을 도비야를 위한 방으로 개조한 것이다(느 13:5). 이에 느헤미야는 제사장으로서 엘리아십이 도비야와 부적절한 연락이 있었던 것으로 기록하고 있다.

> 예루살렘에 이르러서야 엘리아십이 도비야를 위하여 하나님의 전 뜰에 방을 갖춘 악한 일을 안지라 내가 심히 근심하여 도비야의 세간을 그 방 밖으로 다 내어 던지고 명하여 그 방을 정결케 하고 하나님의 전의 기명과 소제물과 유향을 다시 그리로 들여놓았느니라(느 13:7-9).

다른 한편으로 재정의 유용이나 착복도 발생할 수 있음을 보여 준다. 느헤미야 13장의 후반에 보면 민장들이 레위인과 노래하는 자들에게 마땅히 돌아가야 할 몫을 주

지 않고 개인적으로 치부하는 것을 볼 수 있다. 다시 말해
임금 착복이라는 문제가 발생한 것이다.

> 내가 또 알아본즉 레위 사람들의 받을 것을 주지 아니하였으
> 므로 그 직무를 행하는 레위 사람들과 노래하는 자들이 각각
> 그 전리로 도망하였기로 내가 모든 민장을 꾸짖어 이르기를
> 하나님의 전이 어찌하여 버린 바 되었느냐 하고 곧 레위 사
> 람을 불러모아 다시 그 처소에 세웠더니 이에 온 유다가 곡식
> 과 새 포도주와 기름의 십일조를 가져다가 곳간에 들이므로
> (느 13:10-12).

이러한 성장 장애요인을 효과적으로 지혜롭게 극복하
지 못하면, 설령 탄생 시에 주목받는 스타 비영리 단체였
다 할지라도 오랜 기간을 유지하지 못하고 무대의 뒤로 사
라지게 된다.

### 원칙과 조직문화의 확립

이와 같은 조직 내외부의 장애요인(성장통)을 극복하는
과정은 성장과 발전 과정으로 볼 수 있는데, 장애요인 극
복을 위해 가장 먼저 요구되는 일은 조직의 원칙을 제정하

고 확고히 하는 것이다.

출애굽기 12장과 13장에 보면 애굽에서 나온 이스라엘 백성을 향해 하나님은 유월절과 무교절을 지키도록 명령하시고 처음 난 것에 대한 구별을 명하신다. 이에 따라 이스라엘 백성은 첫 유월절을 지키는 모습을 확인할 수 있다.

하나님의 도움으로 홍해를 건너고 아말렉과의 전쟁에서 이긴 후 시내산에 이른 이스라엘 백성에게 하나님은 모세를 통해 이스라엘 백성에게 강력한 내부 규약과 문화적 규례를 전하신다. 출애굽기 20장에서 하나님은 십계명을 제정해 주시고, 제사를 드리는 법, 종에 대한 자세, 사형에 해당하는 죄, 소유주의 책임에 관한 규례, 배상에 관한 규례, 인간관계에 관한 사항, 재판 등에 관한 규례를 아주 자세하게 말씀하신다. 이스라엘 백성은 모세를 통해 이를 받아들인다. 이와 같은 명령과 규례는 출애굽기에서 시작하여 레위기, 신명기로 이어지며 자세하게 전개되고 있다.

예를 들면 인간관계에 대한 규례로 가난한 자에 대해 어떻게 대해야 하는지를 다음과 같이 자세하게 기술하여 그 원칙을 세우고 있다.

> 네가 만일 너와 함께한 나의 백성 중 가난한 자에게 돈을 꾸이
> 거든 너는 그에게 채주 같이 하지 말며 변리를 받지 말 것이며
> 네가 만일 이웃의 옷을 전당 잡거든 해가 지기 전에 그에게 돌
> 려 보내라 그 몸을 가릴 이뿐이라 이는 그 살의 옷인즉 그가
> 무엇을 입고 자겠느냐 그가 내게 부르짖으면 내가 들으리니
> 나는 자비로운 자임이니라(출 22:25-27).

이와 같은 원칙과 규례가 세워지면서 비영리 단체는
문제를 해결해 가는 방법을 습득하고 이 방법들이 내부화
되면서 일련의 조직 관행이 생겨나고 조직원이 그대로 따
라 하는 조직 문화가 정착된다.

에스라는 이방 족속과 통혼한 방백과 고관의 죄를 처
리하는 과정에서 어떻게 조직 관행과 문화를 세워가는지
그 예를 잘 보여준다.

우선 문제의 본질을 식별하고

> 이 일 후에 방백들이 내게 나아와 가로되 이스라엘 백성과 제

사장들과 레위 사람들이 이 땅 백성과 떠나지 아니하고 가나
안 사람과 햇 사람과 브리스 사람과 여부스 사람과 암몬 사람
과 모압 사람과 애굽 사람과 아모리 사람의 가증한 일을 행하
여 그들의 딸을 취하여 아내와 며느리를 삼아 거룩한 자손으
로 이방 족속과 서로 섞이게 하는데 방백들과 고관들이 이 죄
에 더욱 으뜸이 되었다 하는지라(스 9:1-2).

## 다음으로 하나님께 회개하며 의견을 구하고

저녁 제사를 드릴 때에 내가 근심 중에 일어나서 속옷과 겉옷
을 찢은 대로 무릎을 꿇고 나의 하나님 여호와를 향하여 손을
들고 말하기를 나의 하나님이여 내가 부끄러워 낯이 뜨뜻하여
감히 나의 하나님을 향하여 얼굴을 들지 못하오니 이는 우리
죄악이 많아 정수리에 넘치고 우리 허물이 커서 하늘에 미침
이니이다(스 9:5-6).

## 백성의 지지를 얻어

에스라가 하나님의 전 앞에 엎드려 울며 기도하여 죄를 자복
할 때에 많은 백성이 심히 통곡하매 이스라엘 중에서 백성의
남녀와 어린아이의 큰 무리가 그 앞에 모인지라(스 10:1).

## 원칙을 세우고

곧 내 주의 교훈을 좇으며 우리 하나님의 명령을 떨며 준행하는 자의 의논을 좇아 이 모든 아내와 그 소생을 다 내어 보내기로 우리 하나님과 언약을 세우고 율법대로 행할 것이라 (스 10:3).

## 합의와 공표를 위한 모임을 갖고

유다와 베냐민 모든 사람이 삼일 내에 예루살렘에 모이니 때는 구월 이십일이라 무리가 하나님의 전 앞 광장에 앉아서 이 일과 큰 비를 인하여 떨더니(스 10:9).

## 실행 지침을 정하여

그러나 백성이 많고 또 큰 비가 내리는 때니 능히 밖에 서지 못할 것이요 우리가 이 일로 크게 범죄하였은즉 하루 이틀에 할 일이 아니오니 이제 온 회중을 위하여 우리 방백들을 세우고 우리 모든 성읍에 이방 여자에게 장가든 자는 다 기한에 본 성 장로들과 재판장과 함께 오게 하여 우리 하나님의 이 일로 인하신 진노가 우리에게서 떠나게 하소서 하나(스 10:13-14).

실행에 옮긴다.

> 사로잡혔던 자의 자손이 그대로 한지라 제사장 에스라가 그
> 종족을 따라 각기 지명된 족장 몇 사람을 위임하고 시월 초하
> 루에 앉아 그 일을 조사하여 정월 초하루에 이르러 이방 여인
> 을 취한 자의 일 조사하기를 마치니라 … 저희가 다 손을 잡아
> 맹세하여 그 아내를 내보내기로 하고 또 그 죄를 인하여 수양
> 하나를 속건제로 드렸으며(스 10:16-17, 19).

이 원칙과 규례를 세우는 것의 근본적 근거는 역시 하
나님의 말씀이다. 인간적으로 옳게 여겨지거나 한두 사람
의 독단에 의한 것도 아니다. 모세가 고라와 함께한 자들
의 비방을 처리하는 방법에서도 분명하게 나타난다.

이처럼 성장을 이루어가는 단계를 퀸과 카메론은 '집
단공동체 단계'와 '공식화 단계'로 칭하고 있다. 집단공
동체 단계란, 창립자 또는 새로 영입된 지도자(특히 관리 또
는 운영을 위한)가 조직의 목표와 관리 방향을 제시하고, 권
한 체계, 직무 할당, 부서 정비, 공식적 절차 등 조직의 체

계화가 이루어지는 단계를 의미한다. 공식화 단계는 조직의 안정과 내부 효율성을 추구하기 위해 공식적인 규칙과 절차 확립 등 다양한 내부 통제 시스템을 들여오는 단계를 의미한다. 공식화 단계에 이르게 되면 그 동안 아주 유기적이던 의사소통이나 내부 조정이 관료적인 경향으로 흐른다.

집단공동체 단계를 거쳐 성장하기 위해 중간 관리층으로 적절한 위임이 필요하다. 부서와 전문성이 분할되는 동시에 각종 규정 등이 마련되기 때문에 중간 관리자는 자신의 활동에 일정 수준의 자율권을 바라는 한편 창립자는 여전히 과거의 직접 개입과 통제를 고수하려 한다. 때문에 일정의 긴장 관계가 형성된다. 이 상황에서 바람직한 것은 일정 부분을 중간 관리자에게 위임하는 것이다. 모세가 이드로의 충고를 받아들여 천부장, 백부장을 세우는 것이 전형적인 예라 할 수 있다.

이 위임이 이루어지지 않는 것은 여전히 태동기의 단순구조에 머무르며 성장하겠다는 태도이다. 때문에 조직적으로도 적합하지 않으며 중간 관리자를 실망시키는 것이 되어 이들이 조직을 떠나는 원인을 제공하기도 한다.

공식화 단계로 진입하면 조직은 내부적으로 너무 엄격한 통제 시스템으로 숨이 막히고, 특히 능력을 보유한 창의적 중간 관리자는 조직으로부터 지나치게 억압받는다는 느낌을 받는다. 조직의 입장에서 공식화를 이룩하되 이와 같은 문제를 해결하기 위해 전략적 재탄생을 준비하고 이에 새로운 비전을 제시해야 한다.

민츠버그는 이와 같은 단계의 진전에 따라 조직은 단순조직에서 기계적 관료제나 전문관료제 등으로 변화한다고 이야기하고 있다. 기계적 관료제란 우리가 흔히 말하는 관료조직으로 군대나 정부조직 등을 연상하면 된다. 매우 세분화된 기능에 따라 업무와 부서를 분할하고 철저하게 위계계층을 통해 조직을 조정하고 통제하는 형태로 매우 표준화된 업무가 반복적으로 수행된다.

이런 기계적 관료제가 다른 형태로 한 번 더 발전하면 이른바 사업 부제 형태로 전환한다. 이는 조직이 서비스의 종류나 대상 고객, 지역별로 분할되어져 중앙으로부터 필요한 권한을 전적으로 위임받아 반독자적인 활동을 벌이는 형태를 말한다. 이 유형에서는 사업부 간에 상호의존성이 낮아 서로 의사소통이나 조정이 이루어지지 않고, 단순히 최종 성과만으로 연말에 평가를 받는다.

기계적 관료제 형태를 취한다면, 구성원에 대한 훈련이나 교화는 거의 일어나지 않으며, 행동을 공식화하고 이미 작성된 계획과 스케줄에 따라 반복적으로 일을 수행한다. 역사가 오래되고 정부 의존적으로 발전한 단체인 경우 이러한 특성이 많다.

전문관료제란 고도의 기술이나 지식을 보유한 사람들이 복잡한 업무를 수행하되 자율적 책임으로 일을 처리하는 형태를 말한다. 일반적으로 병원이나 대학을 연상하면 그 형태를 이해할 수 있다. 이러한 전문관료제는 인적자원을 바탕으로 하는 서비스 조직, 장인 기술을 기반으로 활동하는 조직, 선교 조직 등에 적합한 것으로 알려졌다. 일정 규모 이상으로 성장한 비영리 단체에게 적합한 형태로 볼 수 있다.

전문적 관료제로 조직 형태가 정착되기 위해 구성원에 대한 많은 훈련과 교화가 필요하다. 업무 자체가 자율성에 토대를 두고 전문적으로 이루어지기 때문에 구성원의 전문성을 제고하는 동시에 다른 한편으로 높은 인간성과 윤리 의식이 요구된다.

많은 기독교 비영리 단체는 그 사업의 확장과 연수의 증가에도 적절한 조직 변화를 이루어오지 못했다. 이는 조직이 어떠한 방향으로 바뀌어 가야 하는지를 정확하게 모르기 때문일 수도 있다. 조직 변화의 흐름에 특정한 힘이 반대 작용을 하기 때문일 수도 있다. 아니면 미션과 사업에의 헌신을 상대적으로 지나치게 강조하여 적절한 조직의 정비와 변화를 가볍게 여기는 풍조에서 발생할 수도 있다. 만약 이러한 이유들이 기독교 비영리 단체 내에 존재한다면 비록 그 단체가 좋은 대의를 가졌고 많은 노력을 기울인다고 해도 적절한 열매를 맺기에는 많은 한계를 드러낸다.

##### ● ● ● ● 성장의 정점

위와 같이 성장의 장애를 극복하고 적절한 조직 구조로의 변신을 도모하고 투자와 사업의 확장을 통하여 비영리 단체는 목적한 상징적 대의를 달성한다. 그리고 더 나아가 가시적 성과와 열매를 맺게 되고 본질적 대의에의 접근과 진전을 이루게 된다. 이것을 비영리 단체 성장의 최정점으로 볼 수 있다.

이스라엘 백성은 성전을 완공하고 난 후 하나님을 섬기는 것을 모세의 책에 기록된 대로 복원한다. 이것이 바로 성전의 완성이라는 상징적 대의의 해결로 나타나는 본질적 대의의 회복이다. 그것이 바로 유월절의 회복으로 나타난다.

> 다리오 왕 육년 아달월 삼일에 전을 필역하니라 … 제사장을 그 분반대로, 레위 사람을 그 반차대로 세워 예루살렘에서 하나님을 섬기게 하되 모세의 책에 기록된 대로 하게 하니라 (스 6:15, 18).

사로잡혔던 자의 자손이 정월 십사일에 유월절을 지키되 제사
장들과 레위 사람들이 일제히 몸을 정결케 하여 다 정결하매
사로잡혔던 자의 모든 자손과 자기 형제 제사장들과 자기를
위하여 유월절 양을 잡으니 사로잡혔다가 돌아온 이스라엘 자
손과 무릇 스스로 구별하여 자기 땅 이방 사람의 더러운 것을
버리고 이스라엘 무리에게 속하여 이스라엘 하나님 여호와를
구하는 자가 다 먹고 즐거우므로 칠일 동안 무교절을 지켰으
니 이는 여호와께서 저희로 즐겁게 하시고 또 앗수르 왕의 마
음을 저희에게로 돌이켜 이스라엘의 하나님이신 하나님의 전
역사하는 손을 힘있게 하도록 하셨음이었느니라(스 6:19-22).


바로 이와 같은 삶의 근본적 변화가 비영리 단체가 추
구하는 궁극적 목적인데 이를 다시 표현하자면 하나님의
시각에서 문제가 드러난 수혜자 시장에 하나님의 말씀이
확고하게 확산되는 것이다.

# 5장 _ 성숙과 쇠퇴

● 사례 _ 하와이 장수학교의 운영 중단

장수학교는 1990년 하와이에서 설립되어 지난 16년간 한인 노인들의 보금자리가 되어 왔으나 최근 들어 닥친 운영난을 견디지 못하여 2004년에 일부 기능을 다른 기관에 이전하고 운영을 중단하게 되었다.

장수학교는 1990년 '인화 친목 노인회' 라는 이름으로 100여 명의 회원으로 한 가정집에서 시작됐다. 1994년에는 생활 영어나 간단한 한국무용을 가르치는 일을 추가했고, 1995년경에는 큰 장소로 옮겨 이름도 '면학당' 으로 바꾸었으며 당시 회원이 140명으로 전성기를 이루었다.

그러나 1990년대 중반 이후 재정자립도가 떨어져 지역의 이곳저곳으로 서너 차례 이사를 해야만 했다. 회원들에게 월 10달러의 회비를 받기는 하지만 이로는 건물 임대비 정도만 충당할 수 있을 뿐 재정난이 가중되었다.

다른 한편으로 현지 한인회와도 다민족문화센터 입주 문제, 9·11테러 성금 납부 문제 등으로 갈등을 빚어 2001년 가을 결별을 선언하고, 재정과 운영의 독립성과 건실성을 확보하기 위해 노력했으나 별 성과를 거두지 못하였다.

2003년이 되면서 하와이주 교육국으로부터 무용교사 임금을 더 이상 지급하지 않겠다는 통보를 받고, 월 900달러 정도를 임대비 명목으로 후원하던 독지가의 후원이 중단될 상황에 처하면서 더 큰 재정적 위기를 맞게 되었다. 이 두 가지 재정적 문제는 곧바로 교육국의 지원 재개 결정과 독지가의 후원 지속 결정으로 해소되는 듯 했지만 장수학교는 재정적 위기를 극복하지 못하고 2004년 7월, 결국 문을 닫게 되었다.

장수학교는 그동안 하와이 거주 한국인 노인들에게 영어와 무용교실을 열어 배움터로서의 역할을 해 왔으며, 병원, 주거지, 세금 관련 문제 등을 안내해 주고 정부 혜택을 적극적으로 소개해 이용케 하는 등 노인 복지시설로서의 역할도 해 왔다. 그러나 이런 다양한 순기능에도 불구하고 장수학교는 '유효한 비영리 단체'로서 그 소임을 지속적으로 다하지 못하고 그 순기능을 상실하였다.

*자료: 중앙일보 하와이 편집판 2001년, 2003년, 2004년 일부 일자에서 발췌 정리

애석하게도 모든 조직이 성장의 정점을 영원히 누리는 것은 아니다. 출애굽한 이스라엘은 그 땅의 젖과 꿀을 지속적으로 향유하지 못하고 사사시대의 고통을 경험하기도 했고, 바벨론으로 끌려가는 처량한 신세가 되기도 했다. 온갖 위협과 어려움을 극복하고 재건한 성전과 성벽 역시 예수님께서 오셨다 가신 후 얼마 되지 않아 또 다시 무너지고 이스라엘 백성은 유랑 생활로 전락하게 된다.

물론 쇠퇴 이전에 조직에 따라서는 성숙이라는 과정을 거치기도 한다. 비영리 단체가 수행 중인 사업은 매년 일정한 수준으로 유지되고 그에 필요한 자원으로 인력이나 자금이 예측된 대로 유입, 지출된다. 그러면서 목표로 한 사회적 영향력을 행사하는 단계를 '성숙 단계'로 볼 수 있다. 또한 조직의 운영도 안정적이어서 부서가 비교적 장

기적으로 유지되고 의사 결정이나 업무 수행 방식이 안정
화되어 예측 가능한 특징을 보여 준다.


## ●● 성숙

성숙이라는 개념도 상대적인 것
이어서 성장이나 쇠퇴와 구분이 되기는 하지만 현실적으
로는 매년 어느 정도 부침이 있을 수 있다. 사업의 종류가
많은 경우에는 일부 사업은 추가되고 제외되기도 한다.
하지만 전반적인 안정성을 흔들 정도는 아니며, 사람이 들
어오고 나가는 것도 불가피하지만 조직의 안위를 위협하
거나, 큰 변동을 가져 올 정도는 아니다.

### 본질적 대의의 현실적 해결

성숙기의 가장 큰 특징은 단체가 목적으로 하는 본질
적 대의가 현실적으로 결실을 맺는다는 점이다. 비영리
단체가 상징적 대의에만 초점을 두고 본질적 대의에 접근

하지 못하면 성숙기에 접어들기 어렵고 성장의 정점 이후 급격하게 쇠퇴기를 맞는다.

단순히 성전을 완공하고 유월절만을 지키는 수준이 아니라 하나님의 말씀에 더 가까이 다가가는 본질적 회복이 있음을 느헤미야 8장을 통해 볼 수 있다. 이러한 상태가 지속적으로 유지되는 것이 성숙의 단계라 할 수 있다.

> 이스라엘 자손이 그 본성에 거하였더니 칠월에 이르러는 모든 백성이 일제히 수문 앞 광장에 모여 학사 에스라에게 여호와께서 이스라엘에게 명하신 모세의 율법책을 가지고 오기를 청하매 칠월 일일에 제사장 에스라가 율법책을 가지고 남자, 여자 무릇 알아들을 만한 회중 앞에 이르러 수문 앞 광장에서 새벽부터 오정까지 남자, 여자 무릇 알아들을 만한 자의 앞에서 읽으매 뭇 백성이 그 율법책에 귀를 기울였는데 때에 학사 에스라가 특별히 지은 나무 강단에 서매 그 우편에 선 자는 맛디댜와 스마와 아나야와 우리아와 힐기야와 마아세야요 그 좌편에 선 자는 브다야와 미사엘과 말기야와 하숨과 하스밧다나와 스가랴와 므술람이라 학사 에스라가 모든 백성 위에 서서 저희 목전에 책을 펴니 책을 펼 때에 모든 백성이 일어서니라 에스라가 광대하신 하나님 여호와를 송축하매 모든 백성이 손을

들고 아멘 아멘 응답하고 몸을 굽혀 얼굴을 땅에 대고 여호와
께 경배하였느니라(느 8:1–6).

이런 본질적 회복을 통해 이스라엘 백성은 진정한 기
쁨을 얻고, 죄와의 자발적 단절을 시도하는 등 근본적으로
변화하는 삶을 볼 수 있다.

사로잡혔다가 돌아온 회 무리가 다 초막을 짓고 그 안에 거하
니 눈의 아들 여호수아 때로부터 그 날까지 이스라엘 자손이
이같이 행함이 없었으므로 이에 크게 즐거워하며 에스라는 첫
날부터 끝날까지 날마다 하나님의 율법책을 낭독하고 무리가
칠일 동안 절기를 지키고 제팔일에 규례를 따라 성회를 열었
느니라 … 그 달 이십사일 날에 이스라엘 자손이 다 모여 금
식하며 굵은 베를 입고 티끌을 무릅쓰며 모든 이방 사람과 절
교하고 서서 자기의 죄와 열조의 허물을 자복하고(느 8:17–18,
9:1–2).

**문제 해결 방식(problem solving style)의 정착**
앞 장에서 이방 여자와 통혼한 집안에 대한 에스라의
처리 과정을 자세하게 살펴보았다. 조직이 성숙한다는 것

은 이와 같은 문제 해결이 일회적으로 개별화된 사건으로 처리되는 것이 아니고 문제 해결을 위한 방식이 조직 내에 체화되는 것을 의미한다. 그 문제라는 것은 사업과 관련되거나, 모금과 관련되거나, 인사나 조달에 관한 문제일 수도 있다.

이러한 문제들을 해결하는 방식은 문서화된 매뉴얼일 수도 있고, 조직의 관행이 될 수도 있다. 단기 가시적인 측면에서 본다면 아주 세세한 매뉴얼을 보유하는 것이 효과적일 수 있다. 그러나 이것이 조직 구성원의 마음과 행동에 체화되지 않으면 그 효과는 떨어지고 오히려 조직 구성원을 압박할 수도 있다. 따라서 더 효과적인 문제 해결 방식은 강력하게 공유된 조직 관행과 문화이며, 이것을 쉽게 파악할 수 있는 큰 틀에서 문서화는 아주 효과적이다. 에스라가 이방 여인과의 통혼 문제를 해결하는 과정은 참고할 만한 매우 좋은 예다.

> 곧 내 주의 교훈을 좇으며 우리 하나님의 명령을 떨며 준행하는 자의 의논을 좇아 이 모든 아내와 그 소생을 다 내어 보내기로 우리 하나님과 언약을 세우고 율법대로 행할 것이라(스 10:3).

### 재정의 안정

재정의 안정적 확보라는 것은 성숙을 위해 빼놓을 수 없는 조건이다. 사업과 조직을 안정적으로 운영할 재정이 확보되지 않는다면 그 지속성은 당연히 보장할 수 없다. 하와이 장수학교는 다른 이유로 문을 닫은 것이 아니라 바로 이 재정적 문제를 해결하지 못했기 때문에 조직으로서 생을 마감한다.

비영리 단체는 근본적으로 말 그대로 '영리'를 추구하지 않는 조직을 의미한다. 그러나 그 의미는 사업을 수행함으로써 얻는 최종적 결과를 영리 즉 돈으로 하지 않는다는 것을 의미하지, 과정상에서 적절한 재정을 확보하고 합리적으로 사용하는 것 자체를 배격하지 않는다.

비영리 단체라 할지라도 재정문제에 합리적이고 균형된 시각을 견지해야 하며, 전략적이고도 효과적인 재정 동원 방법을 강구하여 확보하고, 효율적이고 투명한 재정 지출 방법을 사용해야 한다. 앞 장에서 이미 다룬 바 있는데, 성장기와 성숙기가 다른 것은 성장기에는 재정 확보를 위한 전략과 방법도 성장(수입의 원천이나 방법을 다양화해서 그 기부자나 후원자의 수를 늘리는 것)이 목적이 된다. 그러나 성숙기에는 성장보다 안정(기존의 방법을 좀 더 합리화하고 특정 재정 원천이나 방법에 지나친 의존을 탈피하여 균형을 이루는 것)이 목적이되어야 한다.

이를 위해 지금의 후원자나 기부자에 대한 우수한 관계관리 체계를 갖추어야 하고, 조직 내 계층과 역할에 따라 재정 확보를 위한 합리적인 역할이 주어져야 한다.

성전 건축을 위해 고레스 왕이 내렸던 조서 외에 아닥사스다 왕이 내린 조서가 이스라엘 백성이 역사를 안정적으로 추진하는 데 큰 힘이 되었다. 특히 아닥사스다 왕은 충분한 모금을 통해 특별히 지정된 목적(성전 제단에 드리는 것) 외 나머지 부분에 임의적 사용까지도 가능하도록 한다. 이처럼 비지정 기부를 통해 단체의 임의적 사용이 가능한 재정의 확보는 조직의 성장단계는 물론 성숙단계에서도 아주 중요한 일이다.

> 또 네가 바벨론 온 도에서 얻을 모든 은금과 및 백성과 제사장들이 예루살렘 그 하나님의 전을 위하여 즐거이 드릴 예물을 가져다가 그 돈으로 수송아지와 수양과 어린 양과 그 소제와

그 전제의 물품을 신속히 사서 예루살렘 네 하나님의 성전 제
단 위에 드리고 그 나머지 은금은 너와 너의 형제가 좋게 여기
는 일에 너희 하나님의 뜻을 따라 쓸지며 … 무리가 또 왕의
조서를 왕의 총독들과 유브라데 강 건너편 총독들에게 넘겨
주매 그들이 백성과 하나님의 성전을 도왔느니라(스 7:16-18,
8:36).

### 리더십의 교체

성장을 이루는 리더와 성숙을 유지하는 리더는 그 특
징이 다르다. 창립 시에는 말씀을 받아 시장과 기술을 창
의적으로 결합하는 리더가 적합하다. 반면 성장기에는 구
성원의 창의성을 관리하고 조직을 키우는 능력과 안목 있
는 리더십이 필요하다. 그리고 성숙기에는 안정을 유지하
는 동시에 조직의 변화와 혁신을 추진할 수 있는 리더십
이 요구된다.

에스라서 7장을 전후로 나눠 보면 성전을 완공하는 리
더십과 사회적 안정과 혁신을 이루어내는 리더십 간의 교
체가 일어난다. 스룹바벨이 성전 완공의 리더십을 발휘한
반면 성전이 완공된 후 유월절이 지나고 개혁의 리더십은

에스라에게 주어진다. 출애굽 시에도 출애굽과 광야의 리더십은 모세를 통해 발휘되고 가나안 정복의 리더십은 여호수아를 중심으로 발휘된다.

적절한 상황에서 리더십 전환은 반드시 필요하다. 눈과 몸이 아직도 건강한 모세가 가나안 땅을 바라보며 모압 땅에서 죽어 간(신 34: 5-8) 이유가 오로지 가데스 바네아 사건 때문만은 아니다. 광야의 리더십과 정복의 리더십이 달랐기 때문이라는 점도 주목해서 봐야 한다.

하지만 현실적으로 기독교비영리 단체의 역사가 일천해서 그런지는 몰라도 리더십의 교체는 그리 흔하게 일어나지 않는다. 특히 창립자가 현재 실질적인 리더의 위치에 있는 경우에 더욱 그러하다. 리더십의 교체가 일어났다 하더라도 혈연에 의한 리더십 교체가 많은 경우를 차지한다.

그 근본적인 이유는 하나님의 말씀을 받아 탄생한 비영리 단체를 자신의 사적 소유물로 여기는 것에서 기인한다. 비영리의 대의는 하나님께서 주목하시는 것이지, 일을 수행하는 조직이라는 것 자체가 어느 특정 개인의 전유

물이 아니다. 그럼에도 불구하고 이를 자신의 것이라고 미련을 가지는 것이 가장 큰 원인이다. 더러는 내가 아니면 안 된다는 오만한 태도도 적절한 리더십 교체가 일어나지 않는 원인이기도 하다.

자신 스스로 왕의 그릇이 안 된다는 것을 잘 알았던 사울이 왕이 되자, 그 자리를 지키기 위해 다윗을 없애고자 하는 모습에서 배울 점이 있다. 40년을 헌신하여 데리고 온 이스라엘 백성과 함께 가나안 입구에 이른 모세가 아무런 미련 없이 죽음에 순종하는 모습, 100년 만에 얻은 아들이 이제 장성해서 사람으로서 구실을 할 만하니 바치라는 하나님의 명령을 군소리 없이 순종하는 아브라함의 모습(창 22:1-19)에서 기독교 비영리 단체는 진정한 리더십이 요체가 무엇인지 배워야 한다.

퀸과 카메론은 이와 같이 성숙이 이루어지는 단계를 정교화 단계로 표현하고 있다. 오랫동안 성장을 이룩해온 조직은 공식화 단계를 거치면서 규모가 거대해지고 복잡해져서 단일화된 프로그램이나 절차로는 조직을 유연하게 운영할 수 없게 된다. 조직이 지나치게 경직되는 경화증이 나타나면 뭔가 새로운 전략적 전환을 도모해야 하는 시점이 도래하는데 이 시점이 정교화 단계이다.

이 단계에서는 단일 조직으로 성장해 온 조직을 각종 소규모의 자율적인 집단으로 분화하여 창의성과 도전 정신을 심어 주고 활력을 찾도록 해 주는 게 필요하다. 사업부제나 팀제가 도입된다거나, 모험적인 사업부가 생겨나고 사내 벤처나 분사 등이 그러한 조치의 예라고 할 수 있다.

이렇게 다양하게 분화된 단위 조직들을 한 가지 기준이나 제도로 동일하게 통제하기 힘들다. 예를 들자면 관료화된 기존 거대 사업부와 모험 사업부 간에는 동일한 기준으로 성과를 측정할 수 없고, 의사 결정이나 집행, 근무 방식 등에 차이가 있기 때문에 서로 다른 기준을 적용해야 한다. 그렇기 때문에 단위 부서간 유연하고도 융통성 있는 조정 시스템을 갖추어야 한다. 단위 부서들의 전략적 가치를 판단하고 시너지 효과를 창출하기 위한 조직 브레인 기능이 요구된다.

이렇게 단위 조직 간에 차이가 있을 때에는 형식적으로 문서화된 규정보다 강력하고도 응집된 조직문화의 중요성이 강조된다. 단위 조직 간의 업무의 차이와 업무 수행 관행, 절차의 차이를 인정하되 동일 조직 구성원으로서 정체성을 인정한다. 조직 자체의 대외적 명성과 브랜드 가치를 중요시하면, 구성원은 이 명성과 가치에 통합되고 이를 해치지 않으려는 행동양식을 보인다.

### ●●● 쇠퇴

성숙의 단계는 조직에 따라 그 기간이나 시점에 차이가 있다. 다시 말해 어떤 조직이든 쇠퇴라는 것이 불가피하다는 것이다. 앞 장에서 살펴 본 바대로 어떤 조직은 성장을 이루기 전에 쇠퇴하기도 하고 성장의 정점에서 급격한 쇠퇴를 맞이하기도 한다. 결국 조직의 욕구는 '계속 조직'으로서 영원히 생존하는 것을 바라나 그것은 말 그대로 소망 사항으로 그친다.

앞 장에서 살펴 본 성장의 장애요인은 성장 단계에서만 해당되지 않고 성숙기에도 나타나 조직을 쇠퇴기로 접어들게 한다.

이 단계의 비영리 단체를 들여다 보면 기업조직과는 약간 다른 특성을 보여준다. 기업은 시장을 잃거나 기술의 후진화로 더 이상 생존하지 못하고 그 존재가 사라지는 경우가 허다하다. 그러나 비영리 단체는 그러한 상황이 닥친다 하더라도 문을 닫는 것이 아니고 '초라한 모습으로 쪼그라드는 게' 일반적이다. 이름은 남아 있지만 실질적인 사업이나 영향력은 거의 없고, 대의의 해결은 다른 단체에서 주도하는 형국으로 진행되는 경우가 많다.

경우에 따라 구차하게 조직을 연명하는 것보다 차라리 더 잘할 수 있는 다른 단체에 미션과 역할을 넘겨 주고 자신이 생을 마감하는 것이 더 현명할 수도 있다.

### 쇠퇴의 징조

다음의 〈표 2〉는 장수하지 못하고 단명하는 기업들의 원인을 정리해 놓은 것이다. 기업이 단명하는 원인을 곧

바로 비영리 단체에 적용하는 것에는 한계가 있을지 모르나 성장에의 어려움을 겪는 비영리 단체가 주의해서 봐야 할 요인들이 많이 있다.

예를 들어, 수혜자의 욕구는 변화하고 있어 과거의 서비스 내용과 수행 체제가 적합하지 않은데도 그 방식을 그대로 답습한다. 이것은 성공한 방식이므로 절대 포기할 수 없다는 고루하고도 완고한 전략적 태도이다. 하부 조직 간에 미션과 전략에 대한 충분한 합의나 의사소통 부재로 자기 부서의 기능에만 충실한 부서 이기적인 문화, 장기적 관점에서 리더십을 개발하지 못함으로 인한 리더십 교체 실패 또는 독재적 장기 집권 등은 비영리 단체에서도 충분히 포착할 수 있는 단명의 징조들이다.

〈표 2〉 단명하는 기업 조직의 특징

○ 최고 경영진 의사 결정 문제

■ 과거 성공에 대한 집착

· 성공의 타성에 젖어 처음 성공했던 것에만 집착해서 실패

· 예) 사람들이 세련되고 가벼운 신발을 찾을 때 계속해서 무겁고
기능적인 신발에만 주력했던 카우프만 풋웨어사의 실패

■ 제품 교체의 실패

· 신제품의 출시가 기존 제품의 수익을 잠식하여 수익에 타격

· 예) 밀러 라이트의 출시가 기존의 제품 밀러 하이라이프의 판매
부진으로 연결

■ 전략적 방향의 오류

· 과거에 있던 것이나 하고 싶은 것, 하기 쉬운 것에만 의존하는
잘못된 전략으로 실패

· 예) PC가 필요하지 않을 것이라는 잘못된 전략과 독점적 Inter-
Networking 방식을 고집하다 몰락한 DEC

■ 전략과 따로 움직이는 조직과 시스템

· 변화하는 기업 전략을 정합성(Align) 있게 뒤따라가지 못하고 하
부 조직들이 서로 무관심하게 개별 이익만을 좇아 따로 움직이
는 결과로 실패

· 예) 판매 채널이 늘어날 때 구채널과 신규 채널의 갈등

○ 조직 문화적 시스템의 문제

■ 학습문화의 부재

· 끊임없이 배우려는 문화가 없어 더 뛰어난 기술과 전략의 신생

기업에 의해 도태

- 예) 공기업으로 공격적인 경쟁을 해본 적이 없었던 AT&T는 신생 통신 기업 MCI의 등장으로 크게 위축

■ 리더십 DNA 개발 실패

- 단기 성과를 넘어 장기적 안목의 리더십 능력이 없으며 차기 리더의 육성을 도외시하고 개인의 명성에만 관심을 두어 후계 교체 실패

- 예) 1994년 미국 스콧 페이퍼의 CEO로 취임한 던롭은 단기 비용 삭감을 이유로 직원의 30%인 1만 2천 명을 해고했는데도 20개월이라는 짧은 기간 후 CEO를 사임하며 회사마저 경쟁사인 킴벌리 클라크에 매각됨

■ 기업 지배 구조의 미성숙

- 자율적이고 창의적인 기업 초기 시절의 지배 구조가 규모와 복잡성이 증가한 대기업 형태로 접어들면서 문제가 발생함

- 예) 벤처 기업으로는 성공해도 중견기업으로 성장 못하고 실패하는 많은 기업들

■ 감시 및 조언자의 역할 부재

- 기업이 오래되고 자리를 잡더라도 이사회의 역할이 희석되지 않도록 감시와 조언의 역할을 수행할 수 있는 자발적 참여와 제도적 장치들이 요구됨

- 예) 2001~2002년 엔론 등 일류 기업들의 몰락

*자료: 케빈 케네디의 연구결과를 『오래 살아남은 기업들의 적자생존 연구(대한상공회의소, 2005)』에서 재인용

**쇠퇴의 유형**

밀러(Miller)는 그의 책 『이카루스 패러독스』(*The Icarus Paradox*)에서 조직 특히 기업이 쇠퇴해 가는 유형을 4가지로 분류한다.

첫 번째 유형은 장인형 기업이 수선공형 기업으로 쇠퇴하는 집중형 쇠퇴를 들 수 있다. 장인형 기업이란 어느한 가지를 거의 완벽하게 잘하는 것에 열의를 쏟는 기업이다. 수선공형 기업이란 극도의 절약을 추구하다가 품질을 손상시키거나 혁신을 하지 않는 기업 또는 대부분 소비자와 무관한 기술적 기준에 사로잡혀 오로지 품질만을 강조하는 기업을 의미한다.

완벽하고 치밀한 것을 중시하던 장인기업이 오히려 그 장점 때문에 쇠퇴로 길로 접어든다. 예를 들면 사소한 기술적 문제를 해결하는 것에 지나친 목적을 둔 나머지 소비자의 만족을 등한시하는 경우이다. 이렇게 몰락의 길로 접어드는 이유는 크게 두 가지를 들 수 있는데, 최초에 성공한 전략들에 지나치게 집착하고 정교화하여 이것이 무가치해질 때까지 고집하는 것과 경영자가 한 번의 성공에

지나치게 거만해져서 그 방식만을 고집하는 방향으로 의
례화 편협화되는 것이다. 이러한 쇠퇴의 유형은 창립에
성공한 후 집단공동체로 전화되지 못하면서 발생하는 경
우가 흔하다.

두 번째 유형은 모험형 쇠퇴로 건축가형 기업에서 제
국주의자형 기업으로 변화하는 것이다. 건축가형이란 사
업을 단기간에 급속하게 확장하거나 합병이나 인수를 통
해 성장하는 기업을 의미한다. 제국주의자형 기업이란 무
분별하고 탐욕스러운 확장으로 그들이 잘 알지도 못하는
분야의 기업이나 부실한 기업을 인수하여 내실 없이 겉모
양만 커진 기업 형태를 의미한다.

이러한 변화와 쇠퇴는 기업가의 저돌적인 개성, 지나
치게 높은 야심, 지나친 경쟁의식 등에서 기인한다. 특히
자신의 능력을 과시하기 위한 수단으로 건실한 건축가형
기업을 제국주의자형으로 쇠락시키는 경우를 볼 수 있다.

더 나아가 관성이 붙으면 더 큰 인수 합병 등에 관심이
커진다. 기업 현장과 실무부서에서 어떤 일이 어떻게 돌
아가는지보다 인수 합병과 관련된 법률, 세무, 회계, 재무

전문가를 중심으로 의사 결정이 이뤄지고 기업문화가 형성된다. 현실감이 떨어지는 문제가 쇠퇴의 빌미를 제공하기도 한다.

세 번째 유형으로 개척자형 기업이 현실도피형 기업으로 바뀌는 발명형 쇠퇴를 들 수 있다. 개척자형 기업이란 새로운 제품과 기술에서 최고가 되고자 하는 목표를 가진 기업을 의미한다. 이러한 개척자형 기업은 비현실적이거나 비용이 많이 들어가는 제품에만 몰두하여 소비자의 선호도나 지불 능력, 자본 조달능력을 고려하지 않는 현실도피형 기업으로 변할 수 있다. 손익에는 별 관심이 없고 오로지 새로운 것에만 관심을 두는 행태를 보인다.

네 번째 유형은 영업사원형에서 표류자형 기업으로 변화하는 이완형 쇠퇴의 경우이다. 영업사원형 기업이란 막강한 대중 판매력과 넓은 유통망을 바탕으로 시장을 지배하는 기업을 의미한다. 무질서한 팽창으로 업무 수행이 혼란스러워지고 제각각이 되며 헝클어진 조직구조로 변한다. 동시에 최고 경영자가 방대해진 조직을 제대로 통제할 수도 없는 상황에 이르면서 표류자형 기업으로 전락

할 수 있다.

영업사원형 기업은 특정 상품이나 특정 시장을 전문적으로 담당하는 자율적인 부서로 조직이 나뉘게 되고, 이들은 다른 부서에 비해 높은 성과를 내기 위해 노력한다. 그러나 그것이 지나쳐 상품의 질이나 소비자의 욕구는 무시하고 오로지 성과에 매달리게 된다. 매출을 늘리기 위해 무분별하게 상품이나 서비스를 출시하는 등의 무리수를 두기도 하며, 동일 기업 내 다른 부서에서 유사한 제품을 출시하여 경쟁하는 경우도 발생한다.

아직까지 비영리 단체의 쇠퇴에 구체적인 조사나 연구는 거의 없는 상황이다. 탄생이나 성장에 관한 조직적 접근이 없는 상황에서 쇠퇴에 대한 접근은 더욱 어렵기 때문이다. 다만 밀러의 범주에서 그 유형을 찾아볼 수 있다.

한 가지 혁신적인 아이디어로 비영리 사업에서 성공을 거두었을 때 다음에도 그 방법을 고수하게 된다. 예를 들어 모금 만찬이 한 번 성공하게 되면 다음에도 모금을 위한 1차적인 방법으로 '지난 번처럼' 모금 만찬을 개최하려고 하고 두 번, 세 번 개최를 하고 난 후 모금의 성과가 떨어지면 냉정한 평가를 시도하여 다른 방법과 전략적 비교를 통해 전체 모금 활동을 개선하기보다는 모금 만찬 자체를 기술적으로 정교화하려는 데에만 집착한다. 이는 모금 만찬에만 해당하는 것이 아니고 사업상 이벤트나 서비스 전달방식 등 다양한 영역에서 발생할 수 있다. 이런 경우 과거의 성공이 조직의 발목을 잡는 집중형 쇠퇴를 경험할 수 있다.

다른 한편으로 지나치게 사업을 확장하는 것도 문제가 된다. 이른바 복지재단이 복지재벌로 변신한다. 물론 건축가형 기업처럼 능력이 있고 열정이 있어 많은 분야의 소명 감당은 바람직하다. 그러나 특정 분야의 사업이 잘 안 되어 다른 분야로, 한 분야에서 재정이 열악하여 또 다른 분야로 사업을 늘려가고 해서 결국 각 사업을 모두 부실하게 만드는 경우도 있다. 이러한 사업 확장에 관해서는 앞서 그 위험을 이야기한 바 있다.

이런 모든 유형의 쇠퇴는 근원적으로 본질적 대의를 모르거나 상실하기 때문에 발생한다. 비영리 단체는 본질적 대의를 잃게 될 때 그 생명을 다한 것으로 볼 수 있다.

더 정확하게 말한다면 자신의 상징적 대의를 본질적 대의로 해석해 내고 가치를 부여하지 못한다면 이미 생명력이 없다. 이렇게 되면 현재 잡고 있는 상징적 대의도 그 가치와 의미를 상실할 수밖에 없다.

에스라나 느헤미야는 성전과 성벽의 재건이라는 상징적 대의를 해소되었음에도 불구하고, 죄에서 떠나 하나님의 법을 지키는 거룩한 백성이라는 본질적 대의를 훼손하는 이방인과의 통혼, 지도층의 타락, 경제적 물신주의 등에 과감한 질타와 개혁을 도모했다.

쇠퇴기에 나타나는 또 다른 큰 특징은 수혜자가 사랑의 대상이 아닌 부담과 압박의 대상이 된다는 점이다. 더 나아가 이들과 내부 구성원이 이용과 수탈의 대상이 되기도 한다. 앞 장에서도 일부 다룬 것처럼 느헤미야에서 이와 같은 내용을 찾아볼 수 있다. 레위인이나 노래하는 자들에게 돌아가야 마땅한 몫이 돌아가지 않는다든가, 가난한 자를 압제하여 자기 이득을 챙긴다든가 하는 것들이 바로 그것이다.

다음으로 전략적 방향성 상실이 두드러지게 나타난

다. 우리가 누구이고 어떤 사업을 하는 것이 바람직하며, 어떤 방법을 사용하는 것이 올바른 것인지 판단하지 않고 다른 단체의 것을 따라하거나 무비판적으로 이것저것 도 입해본다. 그러나 비록 올바른 목적을 가진 선한 일이라 하더라도 누구나 무조건 할 수 있는 것은 아니다. 이것은 단순히 기술적인 문제가 아니라 조직을 운영하고 사회적 대의를 해결해 가는 방향성과 정체성의 문제이다. 내가 누구이고 어디로 가야 하는지를 정확하게 모른다면 조직 은 혼란에 빠지고 쇠락의 길을 걷는 것을 피하기 어렵다.

비영리 단체는 세부 기술적인 문제로 조직이 위기를 맞기도 하지만 그 정도는 미약하다. 사랑과 전략이 올바 로 서 있다면 우리가 채용하여 활용할 수 있다. 기술적 방 법은 다양하고, 그 방법 간에 차이는 치명적이지 않다. 단 기적인 투자를 요하기 때문에 일시적인 경제적 어려움이 발생한다든가, 사업 수행 방식에 대한 기술적 오해 등이 있을 수 있다. 하지만 이는 사랑과 전략이 올바로 수립되 어 제대로 수행된다면 장기적으로 큰 문제가 되지 않을 수 있다.

●●●● 전략적 재탄생

      만약 조직이 성장을 멈추고 성숙기를 지나 쇠퇴기로 접어들고 있다면 에스라나 느헤미야처럼 과감한 개혁이 필요하다. 이미 영향력을 상실하고 본질적 대의에 대한 민감성이 저하되는 상황에서 지속적 개혁과 변화 없이 생명력을 유지한다는 것은 참으로 어려운 일이다.

조직이 쇠퇴를 극복하고 새로운 도약을 하기 위해서는 일련의 혁신을 감행해야 한다. 그런데 역설적으로 조직의 생존과 성장을 지속하기 위한 쇠퇴기의 조직 변화 전략에서 조직의 중요성에 대해서는 크게 강조되지 않는다. 조직 자체에 집중하기보다 조직 내 개인, 조직 외부의 협력자, 하부적인 프로세스 그리고 눈에 보이지 않는 지식이 강조된다.

이와 같은 조직 변화의 기본적인 방향에 송상호 등은 조직이 개인 지향적인 팀 조직, 고객 지향적인 프로세스 조직, 공생 지향적인 네트워크 조직 그리고 학습 지향적인 학습 조직으로 변화가 필요하다고 이야기한다. 구체적으로 구조상에서 1) 높은 관리계층에서 낮은 관리 계층으로 2) 높은 공식화에서 자율적 합의 중시로 3) 수직적 관계 중심에서 수평적 관계 중심으로 4) 권한의 집중에서 권한의 위양으로 5) 과, 부제에서 팀제로(정확한 팀제를 한다는 전제로), 6) 기능 단위에서 프로세스 단위로 7) 통제하는 스태프에서 지원하는 스태프로의 전환이 필요하다고 이야기한다.

이와 같이 전 조직적 차원에서 변화를 시도하는 데는 하나님 말씀의 회복, 사랑과 정의에 대한 재인식과 아울러 자기 정체성과 조직의 방향 등 전략적 재점검이 반드시 수반되어야 한다. 그래야만 태동기의 역동성을 회복할 수 있고 한창 성장기의 조직처럼 세상을 넉넉히 감당하는 단체로서 거듭날 수 있다.

## 마무리_기독교 비영리 조직의 본질

일부에서 비영리 단체가 탄생하고 활동하게 된 근거를 정부 실패나 기업의 실패에서 찾는다. 부분적으로 맞는 이야기이기도 하지만 한편으로 비영리의 가치와 의미를 축소한 것이기도 하다. 이는 비영리 자체를 주도적이고 독립적인 시스템으로 파악하기보다 파생적이고 보조적인 시스템으로 파악하는 왜곡된 시각으로 유도할 소지가 있다. 반면 현실적으로 정부나 기업의 논리에 견줄 만한 비영리 단체의 탄생이나 운영 논리, 그 권위에 대해서 구조화되고 합의된 사항도 부족하기 때문에 뚜렷한 대안도 없어 보인다.

그렇다고 해서 비영리 자체를 정부나 기업의 관계를 통해서만 설명하는 수동적이고 소극적인 자리에만 안주할 수 없다. 비록 그 절대적인 규모나 영향력이 기업이나 정부에 비해 아직은 작다 하더라도 비영리 단체는 하나님의 창조 세계에서 중요하고도 가치 있는 그러면서도 독특한 사명과 역할을 담당하기 때문이다.

이제, 이 사회에서 비영리가 차지하는 위치와 역할에 독특하면서도 독자적인 틀과 논리를 만들어 가야 한다.

기독교는 전통적으로 하나님의 가르침과 모범을 따라 이웃 사랑을 실천해 왔고 지금 현재에도 열방 곳곳에서 헌신을 다하고 있다. 한국에서 기독교인으로 구성된 단체를 제외한다면 비영리 전체 규모와 역할을 논하기 어려울 정도로 그 비중이 큰 게 현실이다.

이처럼 비영리의 역할과 위상이 점점 커지는 상황에서 특히 기독교가 차지하는 비중이 큰 상황에서 비영리에 대한 성경적인 관점을 수립하고 체계화하는 것은 꼭 필요한 일이다. 더 나아가 단순한 일회성 자선행위가 아닌 사회적 영향력을 창출하는 조직으로서 비영리 단체에 대한 성경적 조망은 이 땅에 하나님나라를 구현하는 데 꼭 필요한 요소이다.

성경적 관점에서 비영리 단체의 특성 그리고 그 조직

적 특성은 다음과 같이 이해될 수 있다.

우선, 기독교 비영리는 수동적 대응 시스템이 아니라 적극적이고 주도적인 실체로 그 의미를 회복해야 한다. 앞서 말한 대로 정부나 기업의 역할을 보완하는 보조적인 기구가 아니라 사회에서 결코 배제할 수 없는 핵심 영역을 담당하는 한 축으로 인식되어야 한다. 비영리만의 독특한 사업영역을 독자적으로 개발하고 이를 자신의 의지로 추진하되 경우에 따라 정부나 기업과 연합하거나 경쟁할 수도 있어야 한다. 이는 비영리의 가치를 정부나 기업이 비영리에게 던져 주는 것이 아니라, 비영리 스스로 가치를 세우고 일궈 나감으로써 가능하다.

기독교의 입장에 적용해 본다면 비영리는 하나님의 법칙과 원칙이 적용되는 다양한 영역 중 하나로 그 독립성이 인정되야 한다. 그렇기 때문에 교회에 비해 주변적이고 부수적인 기능을 수행하는 것이 아니라, 하나님의 사랑과 정의가 흘러 나오고 구현되는 주도적이고 중심적인 위치로 비영리의 자리가 옮겨져야 한다. 이는 교회나 선교 단체의 역할을 비영리 단체가 담당해야 한다는 의미가 아니다. 다양한 영역을 하나님께서 붙잡고 계시며 운행하시는 창조 세계에 비영리가 그 자체의 역할과 귀중함을 인정받는 주체가 되어야 한다는 것이다.

기독교 비영리의 본질은 하나님의 말씀을 받고 확산하며 열매를 맺는 거룩한 도구이다. 창립할 때에는 반드시 하나님의 말씀을 받는 소명의 과정을 거치며, 거룩한 백성이 함께 동역하여 그 말씀을 행동과 실천으로 만민에게 전파하는 역할을 수행해야 한다. 이는 비영리가 복음 그 자체를 전하는 선교 단체로의 역할만을 수행하는 것이 아니라 사회 곳곳에 있는 상징적 대의를 해결하고 궁극적으로 다양한 본질적 대의를 이룩함으로써 달성된다.

다음으로 기독교 비영리 단체는 일회성 자선 행동이 아니라 하나님의 말씀을 확산하고 그 원리에 따라 운영되는 공식적이고 지속적인 체계로서 설립·운영되어야 한다. 개인의 차원에서 신앙고백으로 이루어지는 자선과 기부는 일정한 체계가 없고 지속적일 필요도 없다. 그러나 조직으로서 비영리 단체는 지속성과 공식성이라는 책임을 다해야 한다. 교회와 마찬가지로 비영리 단체가 하나님에게 거룩하게 쓰임받는 도구라면 교회가 그러하듯이 지속성을 목표로 일련의 체계를 갖추어야 한다. 이를 위해 교회와 동일하게 사랑과 정의에 민감해야 한다. 물론 전략과 전술 그리고 세부 실행에 필요한 기법들까지 가장 합리적으로 갖추어야 한다.

한편 기독교 비영리 단체에 창조자와 구원자의 개입은 반드시 열려 있어야 한다. 비영리에 대한 창조자의 개입이 언제, 어디서, 어떠한 방식으로든 가능하도록 개방되는 동시에 일련의 체계를 가지고 움직이는 시스템이 되어야 한다. 나아가 기독교 비영리 조직은 하나님이 창조하신 다양한 외부 세계에 대한 유연성이 필요하다. 하나님의 섭리로 운행되는 만물과의 상호 작용은 비영리 단체에게 피할 수 없는 사항이다. 비영리 단체는 이들 만물의 구원과 회복을 위해 존재하는 것이니 만큼 독선과 오만에 빠지지 말고 만물에 개방적인 태도를 취해야 한다.

이와 같은 기독교 비영리 단체의 본질을 반영하는 것이 바로 조직적 준비와 대응이다. 조직으로서 비영리 단체는 탄생으로 시작하여 성장과 성숙 그리고 쇠퇴하는 자연스러운 과정을 거치게 된다. 조직적으로 비영리 단체는 영구적인 계속 조직을 희망하지만 현실적으로 그렇게 되지는 못한다. 구원받은 거룩한 백성과 모임이라는 신앙고백적 실체로서 교회는 영원히 존재한다. 하지만 초대의 지역교회들이 지금까지 유지되지 못하는 것처럼 개별 교회들은 영구적인 생존을 도모하지 못한다. 이는 비영리 단체에게도 동일한 원리로 적용된다.

개별 비영리 단체는 탄생-성장-쇠퇴의 자연적 과정을 거친다. 하지만 하나의 생태계로서 지속성을 가지고 하나님의 거룩한 도구로 쓰임받으려면 개별 비영리 단체들이 자신의 상황에 맞도록 조직적 합리성을 갖추어야 한다.

기독교 비영리 단체의 탄생은 수혜자와 기부자라는 두 종류의 시장과 이들의 필요와 동기를 충족하는 기술의 창의적 결합을 요구한다. 그런데 이 창의적 결합은 인간적 안목이 아닌, 반드시 하나님의 말씀에 토대를 두어야 한다. 말씀을 받은 리더가 창립한 비영리 단체는 뜻을 같이하는 사람이 모여 조직으로 발전하게 되는데, 이 시기에는 역할이 분화되는 정도가 낮고 상호 작용이 유기적이며 리더 중심으로 운영된다는 특징이 있다.

이를 뒤집어 적용해 보면 창립 초창기부터 기독교 비영리 단체가 지나치게 세부적으로 기능을 분화하거나 조직 계층을 갖추고 업무 메뉴얼을 갖추는 것은 바람직하지 않다는 결론에 이른다. 창립은 유기적이며 강력한 리더십에 근거할 때 더 효과적이다.

그러나 성장을 위해서는 탄생 시 조직적 특성에서 벗어나 변화를 도모해야 한다. 창의적 리더 중심의 조직운영에서 창의성을 관리하는 '리더십'의 중요성이 나타난다. 조직이 기능이나 사업에 따라 분화되고, 문제를 스스로 정의하고 해결해가는 조직문화가 정착되어야 한다. 이러한 변화를 성공적으로 이루어 내지 못하면 조직 내·외부의 다양한 장애요인을 극복하지 못하고 곧바로 쇠퇴하거나 조직적 혼돈에 빠져 목표로 한 사회적 영향력을 창출하기 어렵다.

위와 같은 내용은 단순한 사유에 근거한 것이 아니라 성경에 기록된 하나님의 역사를 비영리 관점에서 조망하고 조직이론적 관점에서 적용해 본 결과이다. 또한 현재 활동하고 있거나 사라져 간 비영리 단체의 사례에 비추어 본 결과이기도 하다. 기독교 비영리 단체들은 하나님이 말씀으로 알려 주신 사회적 대의들을 해결하는 도구임을 기억하고, 합당하고 거룩하게 쓰임받기 위해 반드시 조직적 합리성을 갖추어야만 한다.

한 가지 더 유념해야 할 것은 기독교 비영리 단체가 조직적 합리성을 갖춤에 있어 지나치게 배타적인 태도를 버리고 다양한 외부 원리와 모델을 활용할 수 있다는 점이다. 모세는 이드로의 충고를 받아 조직계층을 구성했고, 성전과 성벽의 재건에는 이방왕의 조서와 재물을 사용했음을 참고할 수 있다. 전략이나 조직에서도 믿지 않은 사람들은 더 유용한 도구를 많이 만들어 내고 있으며, 이는 성경에서도 인정하는 바이다. 그렇다면 우리는 하나님의 뜻에 반하지 않는 범위 내에서 이들을 뱀같이 지혜롭게 활용할 수 있어야 한다.

시간 흐름에 따라 기독교 비영리 단체가 탄생 – 발전 – 쇠퇴하고 그 단계에 적합하도록 변신하는 것을 조직적 역동성이라 한다. 만약 이 조직적 역동성을 갖추지 못하면 비영리로서 가장 특징적인 본질을 잃어버리게 된다.

하나님께서 허락하신 비영리 단체는 하나님의 말씀이 구현된 거룩한 열매인 동시에 말씀을 웅하게 하는 데 사용되어야 할 거룩한 도구이다. 기독교 비영리 단체 종사자들은 이 본질을 유지하기 위해 영적 능력과 전략적 역동성을 구비하고 조직적 합리성을 갖추는 데, 받은 은사와 달란트를 다 사용해야 할 것이다.